Abbé Corentin PARCHEMINOU

UNE
PAROISSE CORNOUAILLAISE
PENDANT LA RÉVOLUTION

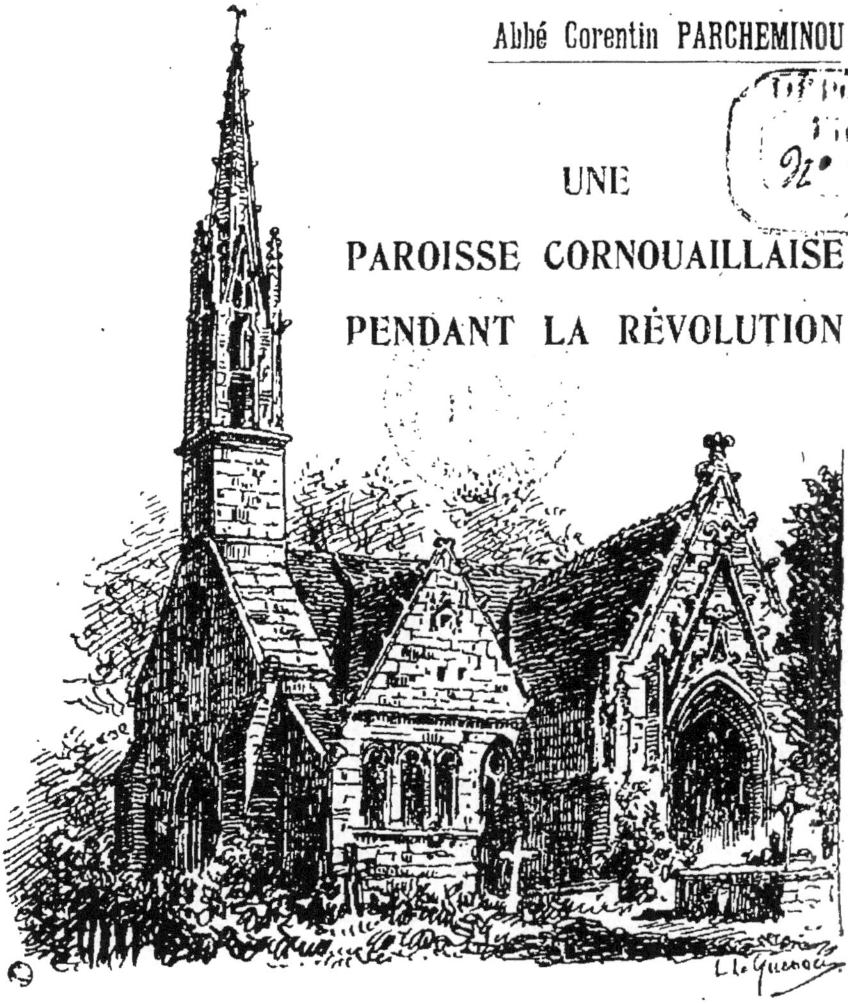

SAINT-NIC

SES MONUMENTS RELIGIEUX

QUIMPER. — IMP. CORNOUAILLAISE

Saint-Nic. — Le Bourg vu de la route de Pentrez.
Au fond le Menez-Hom.

Phot. Le Doaré, Chateaulin.

UNE PAROISSE CORNOUAILLAISE

PENDANT LA RÉVOLUTION

———

SAINT-NIC

———

SAINT-NIC. — Le Bourg vu de la route de Pentrez.
Au fond le Menez-Hom.

Phot. Le Doaré, Chateaulin.

UNE PAROISSE CORNOUAILLAISE

PENDANT LA RÉVOLUTION

SAINT-NIC

Abbé Corentin PARCHEMINOU

UNE PAROISSE CORNOUAILLAISE
PENDANT LA RÉVOLUTION

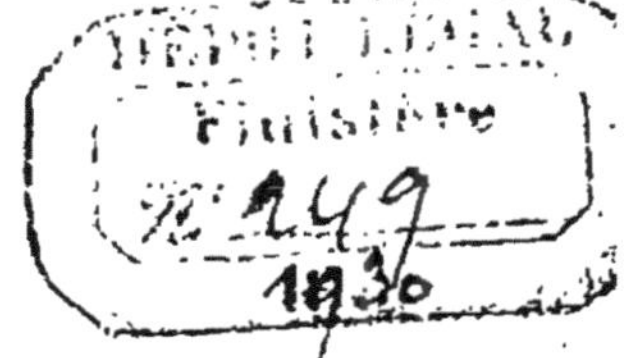

SAINT-NIC

SES MONUMENTS RELIGIEUX

QUIMPER
IMPRIMERIE CORNOUAILLAISE
7, RUE DES GENTILSHOMMES

1930

Une Paroisse Cornouaillaise pendant la Révolution

SAINT-NIC

CHAPITRE I

Le territoire de la paroisse de Saint-Nic apparaît comme un immense cirque que surplombe à l'Est et au Nord le massif imposant du Menez-Hom et qui s'incline tout doucement vers la baie de Douarnenez, qui le baigne à l'Ouest. Avec son bourg central, ses dimensions régulières, ses frontières naturelles, Saint-Nic pourrait être donné comme le modèle des paroisses rurales. Située à l'extrémité Nord de la riche plaine du Porzay, encerclée de collines bleutées et tachetée de bocages verdoyants, éloignée de tout centre quelque peu important, à 16 kilomètres de Chateaulin, à 18 de Crozon et à 25 de Douarnenez, cette paroisse a conservé jusqu'ici le particularisme charmant de la vieille Bretagne. Ses habitants portent l'habit *glazik* et parlent exclusivement la langue bretonne entre eux. Bien que son nom figure depuis quelques années dans les indicateurs de chemins de fer, Saint-Nic n'est guère connu. Il faut dire d'ailleurs que ses 1.812 hectares et ses 1.100 habitants n'en font pas une paroisse importante. Seule, sa magnifique plage, l'immense Lieue de Grève, lui vaut quelque renom, et attire chaque année un certain nombre de baigneurs.

Jusqu'à l'époque qui va nous occuper, c'est-à-dire jusqu'à la Révolution française de 1789, son histoire peut se résumer en peu de lignes.

✕

Elle fut habitée dès l'époque préhistorique, comme en font foi les dolmens et menhirs encore debout aujourd'hui dans ses landes et les divers objets en pierre polie ou simplement éclatée, trouvés dans ses terres.

Ce territoire fut fortement occupé par les Romains, après la conquête de César. Sur la côte et en certains points culminants, on trouve encore des substructions, derniers vestiges de la civilisation gallo-romaine. Une voie romaine, la route d'Is à Lanvéoc, le traversait après avoir suivi la Lieue de Grève.

Plus tard, ce furent les invasions normandes. Le Menez-Hom joua alors un rôle dans la défense du pays. Un grand feu, allumé à son sommet, avertissait le pays environnant que les pirates approchaient. Et les habitants, prévenus par ce signal, avaient le temps soit de fuir, soit d'organiser la résistance armée.

Au XIe siècle, nous voyons Hoël, duc de Cornouaille, faire don du village de Pentrez à la cathédrale Saint-Corentin, en reconnaissance de la victoire qu'il remporta, à son retour de la Terre-Sainte, sur les Seigneurs ligués contre lui.

D'esprit indépendant et frondeur, Saint-Nic fut du nombre des seize paroisses qui se soulevèrent en 1490 contre la noblesse et les communautés des villes, et qui, « ayant publiquement et à guerre ouverte pris les armes, coururent les villes, bourgades et maisons nobles, tuant, pillant et brûlant ».

Un siècle plus tard, les guerres de la Ligue et le brigandage, les loups et les épidémies désolèrent le pays, au point de le vider de ses habitants. En 1594 particulièrement, les passages de troupes furent continuels. La Lieue de Grève, qui servait de raccord entre les deux tronçons de la route royale de Brest à Quimper par Lanvéoc et Locronan, vit d'abord passer l'armée du maréchal d'Aumont, qui était du parti du Roi, puis l'armée du général espagnol Don Juan del Aguila, du parti de la Ligue. Les deux armées passèrent de nouveau par Saint-Nic après la prise du fort de Crozon par le maréchal d'Aumont, mais combien réduites : des 5.700 hommes qui étaient partis pour Crozon, le maréchal ne ramenait que 800 hommes valides. Il est évident que le passage de ces troupes peu disciplinées n'allait pas sans graves inconvénients. Ajoutez à cela les incursions des chefs de bandes qui ne laissaient après eux, selon l'expression pittoresque du chanoine Moreau, que ce qui était « trop chaud ou trop lourd »; ajoutez-y les loups affamés qui pullulaient dans les bois et les landes du Menez-Hom, et vous aurez une idée des ruines accumulées en peu d'années.

Quand la paix fut revenue, on releva les ruines matérielles et morales. L'église paroissiale, commencée vers le milieu du xvi⁰ siècle, fut achevée. La chapelle de Saint-Côme fut reconstruite. La chapelle de Saint-Jean et la Chapelle-Neuve sortirent de terre... Et pour parachever l'œuvre religieuse, la paroisse fut favorisée en 1652 d'une mission, prêchée par le P. Maunoir, le successeur et l'émule du Vénérable Michel Le Nobletz.

En 1675 fut établi l'impôt du papier timbré, impôt impopulaire entre tous et contraire aux privilèges de la Bretagne. La révolte, née dans les Montagnes Noires, s'étendit peu à peu dans toute la Cornouaille.

Cette fois encore, Saint-Nic fut du nombre des paroisses qui se révoltèrent. Il y eut quelques émeutes graves, où nos Saint-Nicais se montrèrent si ardents que, plus tard, lorsque le Roi accorda l'amnistie, ils en furent exceptés.

Le XVIIIe siècle fut surtout marqué par l'audace et les hauts faits d'une bande de voleurs organisés qui écumaient la Lieue de Grève. Nous en reparlerons peut-être un jour.

✕

Et pendant la Révolution, que s'est-il passé d'extraordinaire dans ce coin de terre ? Peu de chose. Alors pourquoi cette brochure ? Parce qu'en écrivant l'histoire de la période révolutionnaire à Saint-Nic, on fait en même temps l'histoire de milliers d'autres paroisses ou communes qui lui ressemblent et qui n'ont connu de la Révolution que la Révolution sociale, qui doublait la Révolution politique. Parce qu'il est intéressant de savoir quelles répercussions ont eues au fond des campagnes ignorées, les diverses lois et décrets votés à Paris par les différentes Assemblées nationales qui se sont succédées et les Comités au pouvoir. Parce que par cette histoire très locale, on peut mieux voir quels furent les sentiments du peuple, ses espoirs comme ses déceptions, sa satisfaction ou sa colère, son approbation ou sa résistance, en face des événements qui se déroulèrent depuis 1789 jusqu'à Brumaire 1799.

Dès qu'on parle de la Révolution, on pense à la suppression des privilèges, à la chute de la Monarchie, et l'on voit instinctivement se dresser devant l'imagination la guillotine sanglante. On sait mois par mois, jour par jour, les événements de Paris. On sait moins l'écho qu'ils trouvèrent et les répercussions qu'ils

eurent sur les populations rurales des provinces. A
l'école, on nous a appris les grandes dates de la Révolution, et, sans doute, bien souvent on nous a appris
à la bénir comme la grande libératrice, en laissant
dans l'ombre certains côtés moins reluisants. Dans
cette petite étude, je voudrais, en me servant surtout
des délibérations municipales de cette époque (1), des
traditions orales et des renseignements fournis par les
Archives départementales, montrer la Révolution telle
qu'elle se passa à Saint-Nic, telle que la virent et la
vécurent nos aïeux. Et l'on verra que cette Révolution
que nous dévoilent les documents locaux est quelque
peu différente de celle qui est proposée à l'admiration
des enfants du XX° siècle.

____

(1) Elles sont conservées à la Mairie de Saint-Nic.

Chapitre II

Création de la Municipalité. — Recteur et Curé.
Réparations à l'église paroissiale
et à Saint-Côme.

La population de Saint-Nic était évaluée au début de la Révolution à 764 habitants groupés en 128 feux. Comme aujourd'hui, cette population était composée d'agriculteurs, auxquels s'ajoutait un certain nombre d'artisans. La culture et l'élevage allaient de pair et faisaient la richesse du pays. Les cultivateurs, propriétaires des fermes qu'ils occupaient et des terres qu'ils travaillaient, y étaient plus nombreux que dans d'autres contrées. Grâce aux nombreuses foires de la région, les échanges étaient faciles. A Saint-Nic même, existaient depuis un temps immémorial deux foires importantes qui se tenaient, l'une le mardi de la Pentecôte, à Saint-Côme très probablement, l'autre le 28 Septembre, au bourg, et qui furent supprimées toutes deux par décret, en 1810.

A côté de l'agriculture, l'industrie de la toile avait pris quelque importance. Outre la toile utilisée sur place, nos tisserands fournissaient des toiles à voile à la Marine, tout comme Locronan, bien qu'en moindre quantité.

En 1789, nos aïeux n'étaient pas malheureux. Les

documents les plus sûrs prouvent le contraire (1). A Saint-Nic, 70 individus ne payaient aucune taxe, 112 payaient une taxe équivalant à une ou deux journées de travail, et 68 seulement, y compris les vieillards et les infirmes hors d'état de travailler et les enfants pauvres au-dessous de 14 ans, étaient signalés comme ayant besoin d'assistance. Bien que les récoltes de 1787 et 1788 fussent médiocres, la vie était aisée, autrement aisée qu'elle ne le devint quelques années plus tard.

On avait cependant quelques raisons de se plaindre. Les impôts, sans être excessifs, paraissaient souvent odieux à cause de la façon dont ils étaient répartis. L'impôt rural par excellence, la taille, était un impôt sur le revenu grossièrement réparti d'après les signes extérieurs de la richesse. Et alors, malheur au taillable exact et sincère ! D'autres droits étaient perçus en nature, parmi lesquels le champart. Celui-ci n'était d'ailleurs pas toujours perçu : nous avons vu plusieurs contrats de bail ou de fermage de cette époque qui portent que les fermiers sont « exempts de corvées et de champart ».

Sans aucun doute, les Saint-Nicais, comme les autres, apprirent avec joie la convocation des Etats généraux et en attendirent d'utiles réformes. C'était une nouveauté extraordinaire, et, par conséquent, il était naturel qu'elle fît naître de grandes espérances.

Mais la Révolution commença par détruire. Au lendemain de la prise de la Bastille, le trouble gagna la province. Gouverneurs, intendants, juges, commandants militaires, officiers d'administration, de police et de finances, sentant la menace peser sur eux, se cachèrent ou s'enfuirent. Pour les remplacer, on créa en désordre des municipalités et des gardes nationales.

____

(1) GAXOTTE : *La Révolution française.*

A Saint-Nic, Pierre Larour, de Brénalen, fut élu maire. Les conseillers municipaux, ou, comme on disait alors, les officiers municipaux, furent au nombre de cinq : Yves Lastennet, du Grand-Launay ; Corentin Didailler, de Costéker-Penc'hoat ; Corentin Queffélec, de Créac'hmilin ; Corentin Le Goff, de Porz-ar-Goff, et Guillaume Lezenven, de Lessirguy. Quelques mois plus tard, Corentin Le Goff, de Porz-ar-Goff, mourut et fut remplacé au Conseil municipal par Corentin Le Roy, de Pen-ar-C'hréac'h. Henri Join, de Gorréker-Penc'hoat, remplissait les fonctions de procureur de la Commune.

Jusqu'alors, il y avait dans chaque paroisse, à côté du Recteur, une assemblée délibérante qu'on appelait le *général* et qui comprenait tous les gens notables de la paroisse. C'était une assemblée cultuelle, mais en réalité c'était en même temps une véritable assemblée municipale. Cette dualité paraissait toute naturelle sous l'Ancien Régime, car on n'avait alors aucune idée des services publics nettement délimités, des « *administrations* » possédant leurs attributions parfaitement fixées, comme nous le comprenons aujourd'hui. Tous les services publics étaient mêlés, associés, superposés, enchevêtrés : le *général* ou, plus précisément, le *corps politique* qui en était l'émanation, se réunissait toujours le dimanche et toujours, au moins à partir du XVIIᵉ siècle, dans la sacristie (1).

Le Conseil municipal nouvellement nommé et qui était composé de conseillers faisant déjà partie du *général* continua à faire comme celui-ci, c'est-à-dire à se réunir à la sacristie, à l'issue de la grand'messe paroissiale : « *à la sacristie, lieu ordinaire de nos réunions* », disent les registres des délibérations. Avant la Révolution, la Commune n'existait pas, et c'est

____

(1) Arthur DE LA BORDERIE : *Hist. de Bretagne,* Tome V.

pourquoi, pendant longtemps, nos premiers officiers municipaux continueront à s'intituler « maire et officiers municipaux de la *paroisse* de Saint - Nic », de même que dans les premiers temps, ils continueront l'œuvre du *général*.

Les événements et les émeutes de Paris ne paraissent pas avoir beaucoup ému nos campagnes, pendant la première année. Jusqu'ici, rien n'est encore changé. Messire Joseph Charles Le Nir, recteur, aidé de Messire Antoine-Marie Le Hars, curé, qui dirige la paroisse depuis 1766, continue son ministère pastoral, au milieu d'une population tranquille et sympathique. Des premières pentes du Menez-Hom, où se trouve leur presbytère, appelé encore aujourd'hui *Presbital Koz*, bien qu'officiellement il doive s'appeler *Kerdamoy*, recteur et vicaire peuvent contempler devant eux toute leur paroisse dans un cadre incomparable : à 600 ou 700 mètres, l'église paroissiale, entourée de quelques maisons ; à deux kilomètres, à droite, la chapelle de Saint-Jean, au fond d'un vallon ; à gauche, la chapelle de Saint-Côme, dont le clocher s'élance d'un bouquet de verdure, et là, presqu'à leurs pieds, l'immense Baie, qu'enserrent la Pointe du Raz et le Cap de la Chèvre et dont les eaux viennent mourir sur la longue traînée blanche de la plage de Pentrez. Tout est calme, en apparence du moins. Car l'on n'est pas sans pressentir l'orage qui vient. Les nouvelles vont vite et sans doute parviennent-elles, comme cela arrive souvent, singulièrement grossies et déformées, surtout les clubs aidant. En tout cas, on n'est pas sans savoir que quelque chose de grave va se produire.

En attendant, à Saint-Nic, on répare l'église paroissiale et la chapelle de Saint-Côme. Henri Join, procureur de la commune, « requaire » le Conseil municipal de faire les réparations nécessaires. Outre la chapelle, la fabrique possédait deux maisons au village de Saint-

Côme. Il faut les remettre en état et consolider les quatre piliers Nord de la chapelle. L'église paroissiale et particulièrement le clocher ont besoin aussi de réparations. Le Conseil municipal ne se fait pas prier davantage et décide de faire « incanter » durant trois dimanches de suite par Olivier le Baron, sonneur de cloches, l'adjudication des travaux. Ceux-ci sont adjugés à Hervé Chapron, de Pleyben, entrepreneur, pour la somme de cent cinquante-six livres. Nous sommes en Juin 1790, et Chapron s'oblige à terminer les travaux avant la fin du mois d'Août. De son côté, le Conseil municipal s'oblige à lui payer la somme convenue « *à la fin de l'ouvrage, si l'ouvrage se trouve bonne et valable* ».

Hélas ! bientôt il ne s'agira plus de réparer, mais de détruire...

Chapitre III

Evaluation de la dîme du Recteur et du presbytère. Abolition des privilèges, droits et prééminences de Seigneurs.

Dans la nuit du 4 Août 1789, nuit demeurée fameuse, l'Assemblée Constituante décréta l'abolition de tous les privilèges, tant des communautés que des personnes. *« Dans une sorte de délire sentimental, coupé d'acclamations et de larmes, on adopta pêle-mêle la suppression des droits féodaux, des garennes, des banalités, des dîmes, du casuel, des immunités provinciales et municipales. »* (1)

Le 2 Novembre suivant, l'Assemblée déclare *à la disposition* de la Nation tous les biens du clergé. Ce n'est pas encore la mise en vente, ni même le séquestre, mais on y viendra. En Avril 1790, le clergé était dépossédé purement et simplement.

C'est en vertu de ces divers décrets et sur l'invitation de Messire Le Nir lui-même, que le maire, le procureur de la commune et les officiers municipaux montent au presbytère, le 31 Octobre 1790, y mesurer le blé de la dîme du Recteur. Celui-ci les prie « de remplir avec exactitude le décret de l'Assemblée Nationale »,

____

(1) Gaxotte : *Révol. franç.*

et le travail commence. La dîme comprend en froment, quarante mesures de roi pesant cent livres ; en seigle, quatorze mesures ; en orge, cinquante mesures combles; et en avoine, quarante-cinq mesures de roi « aussy combles ».

Reste ensuite à évaluer le presbytère lui-même, devenu bien national. Outre la maison, la cour et le jardin, le domaine du Recteur comprenait un champ labourable d'un demi-journal d'étendue, une « garenne à lande » de deux journaux environ, un pré fauchable et une aire à battre, mesurant ensemble un journal et demi, deux vergers d'un demi-journal et enfin un bois taillis de trois journaux. Avec cette petite ferme, Messire Le Nir pouvait avoir cheval et voiture. Les municipaux parcourent ces terres et évaluent le tout vingt-quatre livres, la maison presbytérale, sa cour, son jardin et le bois taillis exceptés. C'est peu.

Les jours sont courts à cette époque de l'année. Le soir arrive et ce n'est pas fini. Mais le lendemain, c'est la Toussaint, et ils pourront terminer ce qu'ils n'ont pu faire la veille. Ce sera aussi une occasion pour passer l'après-midi au presbytère, après vêpres. Ils ont encore à évaluer le blé de la dîme mesurée hier. Ils estiment la mesure de roi froment dix livres, dix sols ; le seigle, même mesure, cinq livres, quatorze sols ; l'orge, « mesure comble de roy », trois livres, dix sols; l'avoine, « même mesure de roy comble », trois livres; et la paille de la dîme soixante livres. La valeur de la dîme s'élève donc à la somme de 869 livres, 16 sols. Dans cette somme est comprise la *portion congrue* du curé ou vicaire, qui est de 350 livres. Puis il faut compter les charges : 100 livres pour frais d'exploitation de la dîme elle-même et deux fois 56 livres 10 sols pour le vingtième payés en argent au collecteur. De sorte qu'en fin de compte, le revenu net de la dîme se trouve réduit à 306 livres 16 sols.

La dîme se percevait rarement à la dixième gerbe, comme son nom l'indique. En Bretagne, l'usage le plus fréquent la fixait à la trentième gerbe.

Lorsque Messire Le Nir eut exposé les charges de son bénéfice, les officiers municipaux trouvèrent sa délibération « sincère et valable » et l'approuvèrent. Pour le moment, tout s'arrête là, et bien que le clergé soit dépossédé de ses biens depuis le mois d'Avril, le Recteur continuera à habiter le presbytère pendant plusieurs années encore.

✕

L'Assemblée nationale ayant aboli tous les droits et prééminences des seigneurs, on s'empressa un peu partout de supprimer jusqu'aux signes de ces droits féodaux, afin d'en supprimer jusqu'au souvenir. C'est sous ce prétexte que dans toute la France furent mutilées tant d'œuvres d'art et accumulées tant de ruines.

Les idées nouvelles ne pénètrent pas rapidement dans les masses paysannes. Ce n'est qu'en Novembre 1790, que le Conseil municipal commence à s'émouvoir. Tout à coup, il s'aperçoit qu'il serait dangereux de garder plus longtemps dans nos églises ce qui, de près ou de loin, rappelle la féodalité, et c'est pourquoi il charge Henry Join, procureur de la commune, d'enlever les bancs des seigneurs, de faire disparaître les enfeus et les armoiries de l'église paroissiale et « autres chapelles » de la paroisse. Peut-être hésite-t-il encore, car c'est seulement deux mois plus tard, en Janvier 1791, qu'il conclura un marché avec un maçon de Pleyben, Gilles Rannou, qui, pour la somme de 36 livres, consentira à « *combler les enfeus et effacer les armory en dedans et en deshors de l'églize parroisial et de la chapelle de Saint-Cosme* ». Ceci nous laisse supposer que la chapelle de Saint-Jean et la Chapelle-

Neuve ne possédaient rien qui rappelât l'Ancien Régime. Ceci nous prouve aussi que les murs de l'église paroissiale et ceux de la chapelle de Saint-Côme gardent encore dans leur épaisseur des enfeus, puisque ceux-ci furent, non pas détruits, mais tout simplement *comblés*, murés. Même aujourd'hui, en sondant les murs, il serait possible de les découvrir.

Tous ceux qui ont visité l'église de Saint-Côme ont pu voir vers le bas de l'édifice une vieille pierre en granit bleu posée à terre et accôtée au mur du bas-côté gauche. Elle a été brisée dans la moitié de sa longueur, mais elle garde le blason de Rosmadec : *palé d'argent et d'azur de six pièces*. Il est évident que cette pierre n'est pas à sa place primitive, et il est probable qu'elle a été enlevée d'un enfeu, à l'époque révolutionnaire.

C'est tout ce qui subsiste aujourd'hui des armoiries que l'on voyait alors, à l'intérieur et à l'extérieur de nos églises, sculptées dans la pierre.

On a hésité davantage, semble-t-il, à briser les armoiries des vitraux. Peut-être a-t-on compris qu'on allait abîmer la partie la plus belle de nos édifices religieux. Peut-être aussi a-t-on eu peur des protestations de la population. De là cette longue hésitation. Quoi qu'il en soit, le 30 Avril 1791, on décida d'achever le travail de destruction. Jean-Louis Cavellier, vitrier de Quimper, se charge, pour la somme de soixante-douze livres, d'enlever les écussons des vitres peintes de l'église paroissiale et de la chapelle de Saint-Côme, et de les remplacer par du verre blanc. Il s'acquitta d'ailleurs très mal de son travail, car de Courcy dit dans la *Bretagne contemporaine* que l'on voyait encore, vers 1860, dans l'une des vitres de Saint-Côme, les armoiries des Tyvarlen, seigneurs de Brénalen : *d'azur au château d'or*. Il arriva, d'autre part, qu'en voulant enlever les écussons, il brisa les vitres qui les encerclaient. Et voilà pourquoi la chapelle de Saint-Côme, si remarquable à d'autres points de vue, ne possède aujourd'hui que des vitres ordinaires. Voilà pourquoi les vitraux du transept de l'église paroissiale, dont l'un représente le Jugement dernier et l'autre la Passion, ont été rapiécés avec du verre ordinaire. Dans celui qui représente le Jugement dernier, il reste un écusson, mais il a été raclé, de sorte qu'il est indéchiffrable. Malgré tout, ces deux fenêtres représentent deux joyaux d'art d'une grande valeur (1). Ils ont été restaurés l'an dernier, par les soins du ministère des Beaux-Arts, soucieux de sauvegarder ces reliques vénérables.

Quelques fragments de verre peint restant au tympan d'une autre fenêtre du côté Sud, prouvent que cette fenêtre a eu aussi des vitraux peints qui ont dû disparaître à la même époque.

Nos édiles pouvaient être contents de leur œuvre et dormir à l'aise. Saint-Nic était sauvé, puisque ses monuments publics et religieux étaient épurés et nettoyés de tout ce qui rappelait la noblesse, ses prééminences et ses bienfaits !

____

(1) En 1922, un artiste américain les estimait 60.000 dollars chacun.

╷Chapitre IV

Prestation de serment du Recteur et du Curé.

La Constitution civile du clergé fut adoptée dans son ensemble et soumise à la ratification du Roi, le 12 Juillet 1790. Pendant plusieurs mois, elle ne fut pas appliquée à cause des résistances qu'elle rencontra. D'autre part, ceux qui étaient chargés de l'appliquer ne savaient pas comment s'y prendre. Devant les difficultés que trouva la loi, l'Assemblée nationale décida d'en finir par un coup de force, en obligeant brutalement les évêques et les prêtres de dire par oui ou par non s'ils étaient pour la Constitution ou contre elle. Le 27 Novembre 1790, tous les ecclésiastiques restés en fonction furent mis en demeure de prêter le serment de maintenir la Constitution civile, faute de quoi ils seraient censés avoir renoncé à leur office.

Deux mois plus tard, le dimanche 23 Janvier 1791, Joseph-Charles Le Nir, recteur de Saint-Nic, et Antoine-Marie Le Hars, curé, avisent la municipalité de leur intention de prêter le serment prescrit par le décret du 27 Novembre précédent. Les officiers municipaux fixent au dimanche suivant, 30 Janvier, la prestation de ce serment, qui devra se faire « devant eux et devant les fidèles ».

En effet, le dimanche suivant, à la fin de la grand'

messe paroissiale, devant le maire et les officiers municipaux et Corentin Le Bris, de Coatérel ; Jean Larour, du Manoir Guermeur ; Hervé Le Droff, du Petit-Launay ; Thomas Join, de Quellien ; Hervé Guéguéniat, de Penanvoez ; Yves Kerhascoët, de Penanvoez ; Jean Le Droff, de Saint-Côme ; Pierre Le Bideau, de Landévadé ; Jacques Paul, de Pentrez ; Hervé Latreille, de Keréon ; Guillaume Le Droff, de Porz-Gourmelen, et Jean Le Droff, tous notables, formant le « conseil général de la commune de la paroisse du Saint-Nic » (*sic*), en présence d'Henry Join, procureur de la commune, et devant tous les fidèles rassemblés pour l'office divin, le sieur Joseph-Charles Le Nir, recteur de cette paroisse, dit : « Je jure, en vertu du décret de l'Assemblée nationale du vingt-sept Novembre mil sept cent quatre-vingt-dix, relatif au serment à prêter par les ecclésiastiques fonctionnaires publics, je jure de veiller avec soin sur les fidèles de la paroisse qui m'est confiée, d'être fidèle à la Nation, à la Loy et au Roy, de maintenir de tout mon pouvoir la Constitution décrétée par l'Assemblée nationale et acceptée par le Roy. »

Immédiatement après le Recteur, le Curé, Antoine-Marie Le Hars, prête le serment, en disant : « Je jure de remplir mes fonctions avec exactitude, d'être fidèle à la nation, à la Loy et au Roy, et de maintenir de tout mon pouvoir la Constitution décrétée par l'Assemblée nationale et acceptée par le Roy. »

C'est fini. La foule quitte l'église et s'éparpille par les chemins creux en devisant de toutes ces nouveautés qu'elle ne comprend pas bien et sans se douter du schisme auquel on l'associe...

Le serment, conçu dans les termes que nous venons de reproduire, restera en vigueur jusqu'à la journée du 10 Août 1792. Il fut solennellement condamné par le pape Pie VI, le 13 Avril 1791.

Malgré cela, un autre vicaire de Saint-Nic, Mathurin Quiniquidec (1) prêtera serment, le 30 Octobre 1791. Mais, contrairement au recteur Le Nir et au curé Le Hars, il jurera *avec des réserves*. Il comptait peut-être ainsi alléger sa conscience, et la municipalité, pour avoir la paix, admettra ces réserves. De plus, il jure, non pas en public devant toute la paroisse assemblée, comme le firent les précédents, mais à la sacristie, devant les seuls officiers municipaux, et par écrit : « Je soussigné, vicaire de Saint-Nic, eu égard au décret de l'Assemblée nationale qui a déclaré ne point toucher au *dhome* (c'est-à-dire le *dogme*) dans aucun de ses points, je jure d'être fidèle à la Nation, à la Loy et au Roy et de maintenir de tout mon pouvoir la Constitution décrétée par l'Assemblée Nationale et sanctionnée par le Roy ».

Seuls les ecclésiastiques occupant un office sont astreints au serment. Ceux qui parmi eux ne voudront pas le prêter seront poursuivis comme perturbateurs. Mais ceux qui n'occupent aucun office ne sont pas encore inquiétés.

Après le 10 Août 1792, l'Assemblée législative remplaça le serment du 27 Novembre 1790 par le serment de liberté et d'égalité, dont voici la formule : « Je jure d'être fidèle à la Nation et de maintenir la liberté et l'égalité, ou de mourir en les défendant. » Le 3 Septembre 1792, la formule fut ainsi modifiée : « Je jure de maintenir de tout mon pouvoir la liberté, l'égalité, la sûreté des personnes et des propriétés, et de mourir s'il le faut pour l'exécution de la Loi ». Ce nouveau serment était imposé, non seulement aux prêtres, mais à tous les Français.

Charles Le Nir, recteur de Saint-Nic, et Mathurin Quiniquidec, vicaire, qui a remplacé Antoine Le Hars

______

(1) Il était né à Argol, au village de Kérélec, le 17 Juillet 1756, d'Alain Quiniquidec et de Jeanne Marc.

dans le courant de 1791, prêteront serment de nouveau, le 14 Octobre 1792, dans la sacristie, « lieu ordinaire des délibérations » du Conseil municipal, en présence du nouveau maire, Hervé Guéguéniat, de Penanvoez, et des officiers municipaux renouvelés en partie : Jean Larour, du manoir Guermeur ; Pierre Bideau, de Landévadé ; Corentin Le Roy, de Pen-ar-C'hréac'h ; Jacques Piclet, de Ruyen ; Guillaume Cornec, de Créac'h-Milin, et en présence du nouveau procureur de la commune, Guillaume Gannat, de Lessirguy. Bien qu'on soit au 14 Octobre, la formule dont ils se servent est celle qui fut imposée après le 10 Août, et non celle du 3 Septembre : « Je jure d'être fidèle à la Nation, de maintenir de tout mon pouvoir la liberté et l'égalité, ou de mourir à mon poste pour les défendre ».

Immédiatement, le serment est enregistré, une copie en est expédiée au directoire, et, dans la huitaine, le procès-verbal doit être expédié au ministre de l'Intérieur.

Cette fois, Mathurin Quiniquidec, vicaire, a juré sans les réserves de l'année précédente.

CHAPITRE V

Création
de deux compagnies de gardes-nationaux.
Volontaires. — Perception des impôts.
Contrainte. — Protestations.

Dans l'anarchie qui avait suivi la prise de la Bastille, l'armée et la police avaient disparu. Pour les remplacer, il fallut créer des gardes-nationales. A Saint-Nic, on attendit le 19 Août 1792 pour songer à cette organisation. Une compagnie de grenadiers et une compagnie de chasseurs devaient former la garde-nationale de la commune.

Donc, le 19 Août 1792, à une heure de l'après-midi, le maire et les officiers municipaux se rendirent « à la chapelle de Saint-Yves, située au bourg paroissial de Plomodiern (1), chef-lieu du canton », et c'est là qu'ils choisirent les hommes qui feraient partie de la garde-nationale. On commença par donner lecture de la liste des citoyens destinés à composer la compagnie des grenadiers, puis on procéda au scrutin pour l'élection des officiers à donner à la compagnie.

Pierre Larour, de Brénalen, réunit le plus de suffrages et fut en conséquence proclamé, quoiqu'absent, capitaine des grenadiers.

---

(1) Il ne reste plus de trace de cette chapelle. Elle s'élevait près de l'endroit où se trouve le cimetière actuel.

Guillaume Le Droff, de Lessirguy, fut élu lieutenant et proclamé tel, bien qu'il arguât de son titre de greffier de la municipalité, c'est-à-dire secrétaire de mairie, pour essayer de repousser les galons.

Un troisième scrutin élut comme sous-lieutenants : Pierre Bideau, de Landévadé, et Etienne Le Droff, du Petit-Launay.

Par un quatrième vote, Louis Lastennet, de Lessirguy, et Corentin Le Bris, de Coatérel, furent proclamés sergents. Ils acceptèrent.

Enfin, un cinquième scrutin désigna quatre caporaux : Yves Le Breton, de Brégalor ; Guillaume Le Gannat, de Lessirguy ; Thomas Join, de Quellien, et Henry Join, de Gorréker-Penc'hoat. Ils acceptèrent, à l'exception de Guillaume Gannat, peu flatté sans doute de n'être que caporal, alors qu'il était procureur de la commune.

Après lecture de la liste des citoyens qui feraient partie de la compagnie de chasseurs, on procéda, toujours par voie de scrutin, à la nomination des officiers de la compagnie.

Le maire, Hervé Guéguéniat, de Penanvoez, se vit élire capitaine. Mais il s'empressa de déclarer qu'il ne pouvait accepter, « attendu que la loi déclare incompatibles les fonctions de maire et celles d'officier de la garde-nationale ».

Jacques Piclet, de Ruyen, élu lieutenant, déclara également ne pouvoir accepter, étant officier municipal.

Des deux sous-lieutenants, Corentin Le Roy, de Penar-C'hréac'h, et Corentin Queffelec, de Créac'h-Milin, le premier refusa, « attendu qu'il est officier municipal », et l'autre était absent.

Au quatrième tour de scrutin, Alain Le Droff, de Lescorvo, et Jean Horellou, du moulin de Brénalen, furent proclamés sergents et acceptèrent.

Enfin, furent élus caporaux : Pierre Le Bris, de Stanquélen ; Guillaume Thomas, du Grand-Launay ; Guillaume Hascoët, de Penanvoez, et Hervé Lastennet, de Gorré-Leuré.

✕

La guerre avait été déclarée en Avril, et il fallut faire appel aux volontaires. Quatre Saint-Nicais se présentèrent : Hervé Passéménou (forme populaire de Parcheminou), de Stanquélen ; Jean Quinaou, du Bourg ; Corentin Passéménou, de Penanvoez, et Yves Lastennet, de Penanvoez. Ils s'offraient pour servir comme volontaires, sur les batteries de Quélern ou de Cornouaille, conformément à l'arrêté du département du Finistère du 5 Août 1792 et à l'arrêté du district de Chateaulin du 14 Août. Le Conseil municipal « donne ordre aux quatre volontaires ci-devant dénommés de notre commune de se rendre à Chateaulin, chef-lieu du district, jeudi prochain vingt-trois du présent mois d'Août, à dix heures du matin, et pour se rendre le lendemain à Quimper, où ils seront organisés par des commissaires du département, d'où ils passeront à Quélern et environ. Nous avons observé à noz volontaires que le logement leur sera fourni et qu'ils seront payés à raison de quinze sols par jour à compter du jour du rassemblement ; et que le service sur les Batteries ne sera que de trois mois pour ceux qui ne voudront servir plus longtemps, et, à la fin de chaque trimestre, les gardes nationales qui désireront retourner dans leurs foyers seront remplacés par un nombre égal pris dans les communes qui auront fourni les volontaires qui réclameront leur retour... »

Ce serait une erreur de croire que c'est par pur patriotisme que s'enrôlent ces volontaires. Ce sont de pauvres gens et la vie devient difficile. L'émission des assignats jusqu'à l'inflation a commencé ses ravages. Les denrées les plus indispensables sont rares et chères. Sans doute, les récoltes de 1789 et 1790 ont été bonnes, mais celle de 1791 a été mauvaise. Et c'est pour parer à ces inconvénients que nos quatre volontaires cherchent une situation moins misérable. Ils seront payés 15 sols par jour. C'est un salaire qui peut paraître magnifique, si l'on considère qu'en 1914, à Saint-Nic, les journaliers agricoles ne recevaient pas davantage et que certains ouvriers touchaient moins encore, mais il ne faut pas oublier qu'en 1792 les paiements se font en assignats, et qu'étant donné leur dépréciation rapide, ces quinze sols se réduisent en fait à peu de chose.

×

La vie devient difficile, et la preuve en est que les impôts ne rentrent plus ou ne rentrent que péniblement. En Avril 1792, il faut une contrainte présentée au Conseil municipal par le gendarme chargé par le receveur du district d'accélérer la perception des contributions foncière et mobilière pour que les officiers municipaux lèvent la somme de 1.444 livres, 19 sols. Et encore cette somme ne représente-t-elle que le quart des contributions dûes pour l'année 1791.

En Mai, Pierre Laouénan, de Porz-Carzic, est nommé collecteur « pour recevoir le dernier terme de la contribution du *don patriotique* ». Le même jour, afin de faciliter la réforme de la contribution foncière, les officiers municipaux font l'évaluation du territoire de la commune, « suivant le prix qu'ils trouvent le plus convenable ». Ils estiment « la terre chaude 6 livres le journal, la terre grise 4 livres, la terre froide la meilleure 15 sols, la terre froide mauvaise 7 sols 6 deniers, les prés fauchables les meilleurs 6 livres, les

prés fauchables mauvais 4 livres, les meilleurs bois-
taillis 6 livres, les bois taillis mauvais 4 livres, les pra-
teaux sauvages 7 sols 6 deniers ».

En Juin, la perception des contributions foncière et
mobilière et des patentes est mise aux enchères trois
dimanches de suite, au sortir de la messe, sur la place
publique. Le premier dimanche on offre 6 deniers par
livre. C'est sans succès, personne ne se présente. Le
second dimanche, on offre 9 deniers, toujours sans
succès. Le troisième dimanche, on offre 12 deniers par
livre. C'est en vain. Personne ne veut se charger de la
collecte, peut-être parce que le prix n'est pas assez
élevé, plutôt afin de ne pas entendre les doléances et
les jérémiades de tous ceux qui se croient trop imposés, c'est-à-dire de la population tout entière. Et les
officiers municipaux sont obligés de se charger eux-
mêmes de la perception. Le procureur de la commune,
Guillaume Le Gannat, de Lessirguy, fera la section du
Gorré ; Pierre Bideau, de Landévadé, fera la section du
Deochmeur (partie Sud de la commune) ; Jacques
Piclet, de Ruyen, se chargera de la section du Leuré,
et Guillaume Cornec, de Créac'h-Milin, de la section de
Penc'hoat. Ils sont déclarés « responsables solidairement l'un pour l'autre ».

Il semble bien qu'ils ne furent pas bien reçus partout et qu'ils entendirent maintes récriminations pendant leur tournée. De maison en maison, c'est la même
plainte : vie chère, mauvaise récolte de l'année précédente, impôts trop lourds. Peut-être les met-on eux-
mêmes en cause et les rend-on responsables du taux
élevé des contributions qui pèsent sur leurs administrés.

C'est pourquoi, le 8 Juillet, a lieu à la sacristie une
réunion extraordinaire de protestation. Au Conseil
municipal sont venus se joindre les douze notables
qui forment le Conseil général de la commune : Coren-

lin Le Bris, de Coatérel ; Hervé Le Droff, du Petit-Launay ; Jean Le Droff, de Lescorvo ; Jean Le Bris, de Stanquélen ; Jean Calvez, de Penanvoez ; Jean Le Roux, de Porz-Moro ; Jean Nicol, de Kervengar ; Alain Le Goff ; Jacques Paul, de Pentrez ; Jean Latreille, de Porz-Quentric ; Jean Piriou, de Costéker-Penc'hoat, et Nicaise Le Breton, de Brégalor.

Considérant que la contribution foncière de la commune monte à 4.118 livres 2 sols et la contribution mobilière à 1.661 livres 14 sols, ils trouvent que les *« dites sommes sont extréordinairement trop fors à supporter sur les contribuables de notre communauté (sic) »*. Et ils ajoutent : « Nous avons commis et commettons Guillaume Le Droff, de Lessirguy ; Pierre Larour, de Brénalen ; Hervé Latreille, de Keréon, et Corentin Didailler, de Costéker-Penc'hoat, auxquels nous donnons pouvoir et procuration de prendre les moyens nécessaires à faire une requette pour remettre à Messieurs les Administrateurs du Directoire du département pour demander réduction sur les contributions tant foncière que mobiliaire desquelles nous sommes trop imposés ».

Sous l'Ancien Régime, les protestations et les plaintes réussissaient quelquefois. « On harcelait l'intendant de réclamations et de plaintes, dit Gaxotte (1) ; on faisait intercéder le seigneur, le juge et le curé. On gémissait, on criait, on protestait sans arrêt, et c'était à qui gémirait, crierait et protesterait le plus fort et le plus longtemps. En nombre d'endroits, les paysans avaient obtenu des arrangements qui réduisaient considérablement les anciens taux. » Mais en 1792, ce sont là des façons de faire qui ne réussissent plus. Et la demande d'exonération d'impôts des contribuables de Saint-Nic demeura sans réponse.

------

(1) *Hist. de la Révolution française.*

Quelques-uns ne se laissèrent pas déconcerter par cette fin de non recevoir, et le 10 Août, tandis qu'à Paris on détrônait le Roi, Hervé Latreille, de Keréon, et Sulliau Colin, du moulin du Rible, demandent de nouveau un dégrèvement d'impôts.

N'ayant rien obtenu, ils reviennent à la charge le 11 Décembre. Le Conseil municipal se réunit pour délibérer sur la requête qu'ils ont présentée à *« Messieurs du district de Chateaulin »*. Après examen, les officiers municipaux reconnaissent qu'en effet, Latreille et Colin sont trop imposés, mais qu'ils n'y peuvent rien. En effet, l'évaluation de la commune ne s'élève qu'à 7.979 livres. Or, la part d'impôt de la commune est de 4.118 livres 2 sols pour la seule contribution foncière. De sorte que l'impôt pour tous les contribuables de Saint-Nic est de 10 sols 4 deniers par livre d'évaluation. Ce qui signifie que chaque cultivateur était contraint de donner *chaque année* à l'Etat plus de la moitié de la valeur de ses terres ! Il faut faire remarquer, cependant, que lors de l'évaluation des terres, nos paysans prévoyants les estimèrent prudemment à un prix notoirement inférieur à leur valeur réelle. Ce tour leur permit d'être moins grugés. Le Conseil constate que Colin et Latreille sont imposés comme les autres, ni plus ni moins ; ils n'ont donc pas plus de raison de se plaindre que les autres.

Pour ce qui est de la contribution mobilière, le Conseil fait remarquer à Latreille que si en 1790 la commune n'était taxée qu'à 835 livres, en 1791 elle l'était à 1.661 livres 14 sols 1 denier, c'est-à-dire le double. Or, il se trouve que par hasard la taxe de Latreille n'a pas été augmentée aussi fortement que celle de la plupart. Alors, de quoi se plaint-il ? Pour un peu, au lieu du dégrèvement qu'il réclame, on lui imposerait une augmentation ! *« Messieurs, nous vous laissons à juger comme vous serez à propos. Pour* nous, nous ne pouvons leurs accordée aucune dégrèvement moyenant dans donnée à tous les autres contribuables parceque tous les autres sont imposés plus que eux. S'il est juste à Latreille et à Colin d'avoir une dégrèvement, tous les autres sont plus fondé d'envoir aussi... »

Et l'affaire n'eut pas d'autres suites. Latreille et Colin durent se contenter de faire comme tout le monde : rechigner en silence et maudire l'Etat qui les ruinait.

Chapitre VI

Lecture des lois en breton.
Inventaire de l'église et des chapelles.
Fondations.
Projet de suppression de Saint-Côme.

Les décrets et les lois se succèdent sans interruption. La municipalité est chargée de tâches multiples. Elle n'arrive plus à s'y reconnaître. Plusieurs des officiers municipaux savent à peine lire. Quelques-uns ne savent même pas signer. Comment pourraient-ils exécuter tout ce qu'on leur demande ?

Le procureur de la commune exige que toutes les lois soient portées à la connaissance de la population. Il requiert donc qu'il soit nommé un citoyen pour lire les lois tous les dimanches et fêtes, au sortir de la grand'messe. Cette lecture sera faite en breton pour que personne n'en ignore. Le greffier, Guillaume Le Droff, de Lessirguy, en sera chargé.

Dès Octobre 1792, les officiers municipaux s'intitulent « citoyens municipaux », nom plus conforme au goût du jour, et, munis de leur nouveau titre, s'en vont faire l'inventaire de « *tous les meubles et effets et ostenciles existans dans les chapelles* » de la paroisse. Le tout devra être déposé à l'église paroissiale aussitôt l'inventaire terminé et le compte-rendu de l'inventaire sera transmis dans les vingt-quatre heures au Directoire du district.

Chapelle de Saint-Côme.

Le mobilier appartenant à Saint-Côme comprend une armoire, une huche et *trois echesse de confesse*.

A Saint-Jean on trouve une huche, une armoire et *deux attaches contre la cloison de l'hôtel (sic)*.

Enfin, l'église paroissiale possède une huche, deux coffres, *trois echesses pour les prestres a confessé et de plus une armoire servirente (sic) pour mettre les ornements et chupilis et pour les fabricques à mettre les testaments et offrandes*.

Il n'est pas question de la Chapelle-Neuve, preuve que déjà à cette époque elle était désaffectée, sinon en ruines.

L'inventaire des immeubles relevant de l'église paroissiale, devenus biens nationaux par le vote de l'Assemblée Constituante le 2 Novembre 1789, ne fut établi que plus tard, au début de 1794. Ces immeubles provenaient des fondations pieuses, et les revenus devaient servir à faire dire des messes et à faire prier pour les donateurs. En fait, les fondations de l'église de Saint-Nic ne consistaient pas en immeubles, à proprement parler, mais en rentes foncières sur des immeubles, et elles devaient être versées à perpétuité au trésorier de la fabrique par les fermiers de ces immeubles.

Un rentier de 1788 nous en fournit la liste, de même que l'inventaire remis en 1794 au receveur de l'enregistrement des domaines nationaux de Crozon. Voici cette liste :

« Fondation de demoiselle Anne Montfort, hypothéquée sur Costéker-Penc'hoat, consistant en deux boisseaux de froment, deux boisseaux d'orge, deux boisseaux de seigle et deux chapons, payable par Jean Piriou et consorts.

Celle de Guillaume Le Moal, sur Lessirguy, valant 6 livres, payable par les héritiers de Marguerite Scoarnec et consorts.

Celle de Catherine Marzin, valant 5 livres, payable par les héritiers de Nicaise Capitaine et consorts.

Celle de Messire et Dame de Tréanna de Kervern, sur Keréon, valant 10 livres, payable par Hervé Latreille.

Celle de Messire Jacques Le Gallou, prêtre, sur Coatérel, valant 3 livres, payable par Guillaume Gourmelen.

Celle de Guillaume Quellec, sur Coatérel, 3 livres, payable par Jean Lars.

Celle de Jacques et de Marie Marzin, sur Stanquélen, 3 livres, payable par Alain Riou.

Celle de Marie Hascoët, sur *Park - Sant - Yann*, 3 livres, payable par Jean Le Droff, de Costéker-Penc'hoat.

Celle de Messire Tréanton, prêtre, sur Costéker-Penc'hoat, 6 livres, payable par Jean Piriou et consorts.

Celle de Jean Squividan, sur le manoir de Penc'hoat, 3 livres, payable par Guénolé Marzin et consorts.

Celle de Marie Le Droff, sur Costéker-Penc'hoat, 6 livres, 10 sols, payable par Jean Piriou et consorts.

Celle de Jean Gourmelen et d'Anne Poezévara, sur *Park-an-Talben*, 6 livres, payable par Alain Lastennet.

Celle de Messire Lezenven, prêtre de Lessirguy, 36 livres, déduction faite de 29 livres pour Messieurs les Prêtres.

Celle de Louise Ansquer, 10 livres, payable par les héritiers de Jacques Piclet, du bourg.

Celle de Messire Jacques Guéguéniat, prêtre, sur Penanvoez, 3 livres, payable par les héritiers de Damien Calvez.

Celle de Jean Piclet, sur *Porz-ar-Quéré*. à Saint-Côme, 6 livres, payable par Pierre Le Droff, et consorts.

Celle de Jeanne Lagadec, de Trohom, 12 livres, payable par Jean Le Droff.

Celle de Jean Lastennet, sur Lessirguy, 3 livres, payable par Alain Le Droff.

Celle de Jean Le Tiec, sur Coatérel, 5 livres 13 sols, payable par Jean Le Bris.

Celle de Marguerite Quéméner, sur Coatérel, 1 livre 12 sols.

De plus une *rente constitut*, c'est-à-dire provenant d'un prêt hypothécaire, sur Kergoat-Com, montant à 16 livres 10 sols, payable par les héritiers de Pasquier Latreille. »

A ces fondations, sous forme de rentes hypothéquées sur telle ou telle terre, il faut ajouter un bois taillis de Coatérel contenant environ 14 cordes, et un placitre contenant environ 4 cordes.

Il faut encore ajouter les fondations à la confrérie du Saint-Rosaire.

« Celle de Messire du Louët, prêtre, sur le manoir de Kermazily, valant 90 livres, payable par Yves Pen-c'hoat et consorts.

Celle de Messire Laouénan, prêtre, sur Quilidec, en Plomodiern, 10 livres, payable par Guillaume Guédès et consorts.

Celle de Magdeleine Le Garo, du bourg, qui donna la moitié de trois pièces de terre du champ *Park-an-Vinored*, à Coatérel, affermées 9 livres.

Celle de Jean Faou et Marie Darido, de Touldrézen, près de la chapelle de Saint-Jean, portant 3 livres de rente sur *Park-ar-Valanec*.

Celle de Jacques Gallou et Jeanne Lastennet, de Ty-Gall, 3 livres de rente sur une pièce de terre nommée *Costé-Park-Grenn*.

Celle de Morice Le Droff et Jean Le Breton, 3 livres, sur deux pièces de terre nommées *Park-a-Drenv-an-Ty* et *Penn-ar-Garont* (Brégalor).

Celle de Messire Barthélémy Kernévez, recteur de Saint-Nic, 2 boisseaux et demi d'orge, sur Costévadiou en Argol.

Celle de Thomas et Pasquier Latreille, 3 livres, sur Pentrez.

Celle de Messire Jacques Le Piclet, prêtre, 3 livres, par an et à perpétuité, sur Saint-Côme (Porz-ar-Quéré).

Celle de Marie Marzin, 3 livres, sur *Park-ar-Feunteunik* (Stanquélen).

Celle de François Quentrec, 3 livres, sur *Park-Guillou-Riou* (Petit-Launay).

Celle de Marie Naga (1), de Pentrez, 18 livres, sur le manoir de Kervengar.

Celle de Pétronille Le Didailler, 3 livres, sur Coatérel *(Rok-ar-Forn)*.

Celle de Jean Piriou, 4 livres, sur Costéker-Penc'hoat.

Enfin, celle de Magdeleine Le Garo, 4 livres 10 sols, sur Coatérel. »

Dans l'inventaire on ne parle pas des immeubles appartenant aux chapelles. Il y en avait cependant, entre autres à Saint-Côme, où deux maisons et un champ nommé *Park-ar-Zant*, relevaient de la chapelle. Ils furent vendus comme biens nationaux.

Furent également confisqués, c'est-à-dire volés, tous les biens d'église dont nous venons de parler, à l'exception du Quilidec, en Plomodiern, de deux bois taillis et d'un morceau de terre en Saint-Nic (2).

Il fut même question de vendre la chapelle de Saint-Côme. Une grande délibération eut lieu à ce sujet, le jour de la Toussaint 1792. Comme dans les circonstances les plus solennelles et les plus graves, les douze notables de la paroisse avaient été convoqués. Mais qui aurait osé aliéner cette chapelle dont, à juste titre,

---

(1) Cette Marie Naga, aubergiste à Pentrez, a laissé une bien mauvaise réputation. La nuit, elle détroussait les voyageurs qui prenaient le chemin de la Lieue de Grève. Elle faisait de même à ses hôtes, et parfois, dit-on, les assassinait !

(2) Arch. de l'Evêché.

e cacher. « Ils étaient déjà tellement surveillés par
es administrations et les citoyens patriotes du Finis-
ère, qu'ils n'avaient déjà plus de retraite que dans les
ieux les plus inaccessibles. D'où il est résulté que le
plus grand nombre a ignoré longtemps l'existence de
ette loi et n'a pu profiter de la huitaine qu'elle
ccorde pour sortir du territoire de la République.

Considérant cependant que le but moral de cette
oi n'a pas dû être seulement de donner des exemples
erribles ; qu'il doit être au contraire dans le carac-
ère du représentant d'une Nation généreuse de n'or-
onner des exécutions sanglantes qu'alors qu'il est
mpossible de les éviter ;

Considérant néanmoins qu'il est plus pressant que
amais d'empêcher que les prêtres réfractaires fanati-
ent les habitants des campagnes et de prémunir ceux-
i contre toute espèce de séduction en réprimant la
acilité coupable avec laquelle ils les recèlent encore ;

Considérant que la loi du 18 Mars est restée muette
elativement aux prêtres qui se présenteraient d'eux-
mêmes sans avoir été saisis par la force armée ou par
es citoyens, qu'il est de l'essence d'une administra-
ion paternelle de dire aux administrés quelles sont
es obligations que la loi leur impose avant d'en
éployer contre eux la sévérité ; voulant faire connaî-
re aux citoyens qui ont pu prendre quelque intérêt à
es prêtres de mauvaise foi, que l'administration tou-
ours ferme dans ses principes touchant le maintien
e l'ordre, désire néanmoins éviter l'effusion du sang,
e Conseil général du Finistère prend sur sa responsa-
ilité de renouveler en faveur des prêtres réfractaires
ui se présenteront d'eux-mêmes le délai de huitaine
ccordé par la loi du 18 Mars. Mais le nouveau délai
xpiré, si ces réfractaires persistent encore dans leur
riminelle résistance à la volonté de la Nation, ils ne
mériteraient plus aucune grâce, et les citoyens seraient

eux-mêmes repréhensibles s'ils hésitaient à les livrer, ou du moins à les chasser de leurs maisons comme on chasse des loups dévorants qui n'ont que la soif du meurtre et du carnage... »

C'est toujours la même histoire : les loups veulent se faire passer pour des agneaux et veulent faire passer leurs victimes pour des loups chargés de crimes.

Chacun sait que les prêtres réfractaires formaient la partie la meilleure et la plus sainte du clergé. Ils n'avaient commis aucun crime, mais avaient courageusement refusé à la Constitution civile du clergé un serment qui répugnait à leur conscience de bons prêtres. De là, les sanctions rigoureuses prises contre eux. Privés de leurs traitements, chassés de leurs demeures, ils n'étaient point partis. Ils disent la messe, prêchent, administrent les sacrements. Abandonnant leurs églises aux *intrus* qui sont d'ailleurs mal vus un peu partout, les prêtres réfractaires officient dans les granges, les maisons particulières.

Le Conseil général du Finistère leur donne un nouveau délai de huit jours pour se mettre à la disposition des autorités. Il le fait en ces termes :

Article 1er. — Le Conseil arrête de donner et donne un nouveau délai de huit jours à tous les Prêtres dans le cas de la déportation qui seroient en ce moment sur le territoire du Finistère, pour quitter les retraites où ils se tiennent cachés et pour se présenter devant les administrations.

Article 2e. — Les Prêtres dans le cas de la déportation qui se présenteront d'eux-mêmes seront envoyés au chef du Département pour y demeurer avec les autres ecclésiastiques qui y sont déjà détenus.

Article 3e. — Cette détention durera jusqu'au moment où le Directoire, chargé de l'exécution, aura trouvé à prendre les mesures nécessaires pour effectuer leur déportation.

ARTICLE 4°. — Le délai de huit jours ci-devant fixé ne commencera à courir qu'à compter du jour de la publication dans les municipalités.

ARTICLE 5°. — Les directoires de Districts seront tenus d'adresser cet arrêté aux municipalités de leur arrondissement respectif aussitôt qu'il leur sera parvenu et de prescrire aux officiers municipaux d'en accuser réception dans 24 heures au plus tard.

ARTICLE 6°. — Les procureurs des communes requéront aussi dans 24 heures, les officiers municipaux ordonneront, et les secrétaires greffiers effectueront sans désemparer la transcription sur les registres des délibérations.

ARTICLE 7°. — Cet arrêté sera en outre affiché à la porte de la maison commune et publié à la sortie de la messe de paroisse le premier dimanche ou jour de fête qui suivra sa publication...

ARTICLE 9°. — Le délai ci-dessus une fois expiré, tout prêtre non sermenté qui n'auroit pas sorti du territoire de la République ou qui ne se seroit pas remis à la discrétion des corps administratifs sera saisi, conduit au chef-lieu de District et jugé conformément aux Lois...

ARTICLE 11°. — Ceux qui recevront ces Prêtres après la publication du présent arrêté sont déclarés perturbateurs du repos public et seront punis comme tels.

Après la publication de cet arrêté à Saint-Nic, aucun prêtre réfractaire ne se présenta, aucun ne donna signe de vie. Et quelques mois plus tard, lorsqu'on demanda à la municipalité de donner un état des biens appartenant aux prêtres déportés, elle répondit qu'aucun

prêtre de Saint-Nic n'avait été déporté ou du moins
s'il en existait et s'ils avaient des propriétés dans la
commune, elle n'en savait rien.

Il y avait au moins un prêtre réfractaire qui possédait des terres sur le territoire de Saint-Nic, et la municipalité devait le savoir. Mais elle fut assez sage
pour fermer les yeux, et assez honnête pour ne pas
appliquer ces décrets barbares. Ce prêtre c'était Jean
Piclet, curé de Locronan, qui possédait une ferme au
Grand-Launay. Né au bourg de Saint-Nic, à Ty-Glaz,
en 1739, il fut d'abord placé à Pouldreuzic. Il était
curé de Locronan depuis 1787, lorsqu'éclata la Révolution. Il refusa de prêter le serment et se rendit volontairement à Quimper, en Janvier 1793. Il fut interné
d'abord à la maison d'arrêt, puis, à partir du mois de
Février, à Kerlot (1). Transféré ensuite aux Capucins
de Landerneau, il signa avec plusieurs de ses confrères
la pétition du 27 Décembre 1794, par laquelle les détenus originaires de Cornouaille demandaient leur
retour à Quimper : « Plongés dans la misère, écri-
vaient-ils, manquant presque de pain, réduits à un
seul repas par la modicité du traitement fixé pour
notre subsistance, nous avons besoin d'être à portée
des secours de ceux avec lesquels nous sommes unis
par les liens du sang et de l'amitié » (2).

On fit droit à leur demande le 27 Janvier 1795, et
les pétitionnaires furent conduits à Quimper le 13
Février.

Le 2 Avril 1795, à la faveur de l'arrêté de Guezno
et Guermeur, ils étaient mis en liberté.

Quelques semaines plus tard, l'abbé Piclet est à
Douarnenez ; il y célèbre la messe à Sainte-Hélène et
est pour ce fait dénoncé à l'agent national du District

____

(1) PEYRON, *Documents*, II, p. 120.
(2) *Ibid.*, II, p. 156.

de Pont-Croix, par Piriou, agent national résidant à Douarnenez.

Voici cette lettre telle qu'elle se trouve aux Archives du Finistère.

« Au citoyen Tréhot, agent national du District de Pont-Croix.

Douarnenez, le 9 Floréal, 3ᵉ année.

CITOYEN,

Je te préviens que le cit. Piclet cidevant curé de Locronan, arriva icy le 6 courant ; il a dit la messe le 7 à la chapelle helene qui continue de servir à la desserte du culte catholique ; hier matin il l'a dite dans une maison particulière. Je lui écrivis hier après midy, tu trouveras ci-après sa réponse pour ta gouverne qui sera la nôtre :

« Le 8 Floréal l'an 3ᵉ de la République une et indivisible.

CITOYEN,

A ma sortie de Quimper, n'ayant pas eu connaissance de l'arrêté du 6 Germinal dernier, pris par les citoyens Guezno et Guermeur, je n'avais élu mon domicile, mais je vous déclare citoyen que je le prends ici et qu'en conséquence, le District de Pont-Croix, ayant accordé au citoyen Billiec une église, je me flatte qu'il voudra bien m'en désigner une...

Salut et fraternité,

PICLET. »

Tu verras s'il y a lieu de lui accorder ses prétentions, je ne le crois pas, puisqu'il ne nous reste qu'une qui sert à l'Exercice du culte, l'autre est en vente, qu'il l'achète.

Salut et amitié,

PIRIOU,

Agent national. »

Le 21 Septembre 1795, l'abbé Piclet signe, avec
douze de ses confrères, la lettre encyclique des prêtres
insermentés de la ville de Quimper (1).

Le 15 Novembre, il est de nouveau arrêté et interné
au Collège de Quimper. A la date du 7 Germinal, an IV
(27 Mars 1796), un certificat médical lui est délivré,
libellé comme il suit :

« Piclet, à la suite d'une maladie longue qu'il a
contracté il y a plusieurs années, a éprouvé et éprouve
encore des douleurs aiguës à la cuisse droite, qui ont
raccourci cette partie au point de le faire boiter considérablement et de rendre la marche difficile et péni-
ble » (2).

Sorti de prison, il allait quitter le pays le 30 Brumaire, an IV (20 Novembre 1797), quand il fut arrêté
une troisième fois. Le 7 Août 1798, il entrait à la cita-
delle de Saint-Martin de l'île de Ré. Celle-ci était de-
venue le dépôt général de tous les déportables après
la capture de la *Vaillante* par les Anglais. Au dire de
Manseau, jusqu'au 2 Décembre 1800, l'on y compta
1.023 prêtres ou religieux. « Aussi eurent-ils autant
à souffrir de la gêne que des privations, le pain était
noir et grossier, le vin âpre et répugnant, la morue
rance et dégoûtante ; les légumes, toujours des hari-
cots, étaient tellement vieux qu'ils étaient rebelles à
la cuisson. La viande, prescrite sept jours par décade,
faisait souvent défaut ; et, si la piété des fidèles du
pays et du voisinage n'était venue au secours des pauvres déportés, la plupart, parmi les vieillards surtout,
auraient succombé sous le poids des misères et des
privations » (3).

____

(1) PEYRON, *Documents*, II, p. 391.
(2) Arch. dép.
(3) MANSEAU : *Les prêtres et religieux déportés sur les côtes et dans
les îles de la Charente*, II, 148.

« L'abbé Piclet fut un de ceux qui succombèrent. Il y mourut le 19 Pluviose, an IX, après deux ans et demi de détention, à l'âge de 62 ans. » (1)

Les documents ne nous ont pas gardé d'autres noms de prêtres réfractaires. Cependant, la tradition rapporte qu'au plus fort de la Terreur, un prêtre resta caché aux environs de Stanquélen. Une barrique enfouie en terre au milieu du bois de Kerzant lui servait, dit-on, de refuge. Le jour, il y restait terré, puis la nuit venue, il sortait de sa cachette et s'en allait exercer son ministère dans les villages environnants, disant la messe dans quelque grange écartée, administrant les malades, baptisant les enfants, bénissant les mariages. Et les braves campagnards, loin de voir en lui un « loup dévorant », le regardaient comme leur vrai pasteur, parce qu'il risquait chaque jour sa vie pour leur faire du bien...

(1) Cf. H. PÉRENNÈS : *Les Prêtres du diocèse de Quimper morts pour la foi ou déportés pendant la Révolution*, II, 161, sq.

Chapitre IX

Déclaration des récoltes.
Taxation. — Réquisitions. — Résistance.
Descente des cloches.

Dès le 13 Novembre 1792, on demandait à notre municipalité de fournir un état de tous les blés, grains, légumes, paille, foin et autres fourrages de la commune. Parmi beaucoup d'autres mesures démagogiques imposées à l'Assemblée nationale par la Commune insurrectionnelle de Paris, après la chute du Trône, celle-ci n'est pas la moins importante, car elle ouvre l'ère des perquisitions, des réquisitions, des taxations de toutes sortes. La Révolution continue. Elle change simplement de visage. Tant qu'il ne s'agissait que de politique pure, d'émeutes à Paris, les paysans de notre pays ont pu peut-être demeurer indifférents. Mais voici que la Révolution vient chez eux sous sa forme la plus odieuse, avec ses vexations, ses interventions dans le domaine de la production et sa surveillance indiscrète et continuelle.

Sans doute, la mesure qui vient d'être prise — inventaire des blés, légumes et fourrages — n'est qu'une alerte, et l'année 1792 ne se sera pas écoulée que les Girondins, représentants du peuple des campagnes, auront fait rapporter toutes les mesures de réglementation prises après le 10 Août. Mais il n'en reste pas moins que cette alerte mit de l'inquiétude dans les esprits et troubla profondément les cultivateurs.

Dès ce moment, il est facile de prévoir que le jour où les Girondins ne seront plus les maîtres, les paysans ne seront pas épargnés.

En effet, lorsque les Jacobins s'allièrent aux Enragés — la gauche et l'extrême-gauche de la Convention — on vota la première taxation des blés (Mai 1793). Mais soit négligence, soit mauvaise volonté de la part des administrations départementales, le décret ne fut guère appliqué. Il n'arriva pas jusqu'à Saint-Nic.

En Juillet, la Convention vota une loi sur l'accaparement. L'accaparement était défini : le fait de tenir enfermées dans un lieu quelconque, sans les mettre en vente journellement et publiquement, les denrées et marchandises de première nécessité, à savoir : la farine, le pain, la viande, les légumes, les fruits, le beurre, les boissons, le miel, les graisses, le poisson, les combustibles, le savon, le sel, le sucre, le chanvre, la laine, le drap, la toile, les métaux, etc. Les détenteurs de ces denrées étaient tenus d'en faire déclaration dans les huit jours aux municipalités qui nommeraient des commissaires aux accaparements pour examiner leurs dires et, au besoin, procéder aux ventes. En même temps qu'elle punissait de mort les auteurs de fausses déclarations, la loi encourageait la délation, en attribuant aux dénonciateurs le tiers des confiscations.

Désormais, les paysans sont toujours sur le qui-vive. Quand ils y pensent le moins, ils voient apparaître les commissaires qui viennent fouiller les maisons, les granges et les greniers.

Mais du moins la production et le prix de vente restent encore libres. Ce n'est pas pour longtemps. Le

29 Septembre, la gauche et l'extrême - gauche de la Convention réussissent à faire décréter la taxation générale des denrées de première nécessité, ou comme on disait alors, le *maximum*. A toutes les denrées citées plus haut, on ajoute les grains et les fourrages. Les cultivateurs sont tenus, sous les peines les plus sévères, de faire la déclaration de leurs récoltes. Il leur est interdit de vendre leur blé ailleurs que dans les marchés publics et à un autre cours que le cours officiel. En cas de refus, les blés seront réquisitionnés et les marchés approvisionnés par la force. Enfin, pour comble d'injustice et de tyrannie, alors que la monnaie avait déjà baissé de plus de moitié, le maximum n'était fixé qu'à un tiers au-dessus des prix courants de 1790. Ce n'était plus une réglementation, mais une expropriation.

Les hommes eux-mêmes sont déclarés sujets à réquisition.

Déjà, pour parer à la débâcle des armées, la Convention avait décidé à la fin de Février 1793, une levée de 300.000 hommes. Chaque commune devait fournir un nombre proportionné au chiffre de sa population. Et c'est aux municipalités que fut confié le soin de *choisir* les hommes qui seraient mobilisés. Excellente manière de se débarrasser des « aristocrates » et des « bourgeois », a-t-on dit. Oui, sans doute, mais excellent moyen aussi de tourner la loi...

Saint - Nic reçoit l'ordre de fournir six hommes à l'armée. Fort bien ! on les fournira. Mais la municipalité se rappelle très à propos qu'au mois d'Août de l'année précédente, quatre Saint-Nicais se sont enrôlés volontairement et que trois d'entre eux sont toujours à Roscanvel. En faisant entrer ces trois hommes en ligne de compte, il ne reste plus qu'à trouver trois autres pour avoir les six recrues que doit fournir la commune. C'est toujours autant de moins à chercher pensent les municipaux. C'est pourquoi ils se réunissent le 19 Avril 1793, non plus à la sacristie, mais à la *maison commune* « et ce pour écrire une lettre au citoyen Piclet, capitaine des gardes-côtes à Roscanvel, pour prévenir les trois hommes que nous avons sous son commandement ». Voici cette lettre :

« Citoyen, le directoire du district de Chateaulin vient de vous enjoindre de faire trouver à Chateaulin le 25 du courant, les six hommes qui forment notre contingent au recrutement de l'armée. Trois de ces gens étant à la côte et sous votre commandement, nous vous prions de les faire partir de votre poste de manière à être à Chateaulin le jeudy vingt-cinq de ce mois, deux heures de l'après-midy, pour se rendre à Quimper le lendemain. Ces trois particuliers sont comme vous le savez : Corentin Passéminou, Jean Quinaou et Yves Lastennet. Nous nous flattons que prévenus par vous ils ne manqueront pas de se rendre à cette assignation... »

Ainsi fut fait. Le tour fut joué, et il réussit, ce qui suppose pas mal d'anarchie !

Après cette levée de 300.000 hommes, un décret de levée en masse fut voté le 23 Août 1793. Il mettait toute la population française, femmes comprises, au service de l'Etat. « La France entière, dit M. Gaxotte, fut transformée en une immense caserne... »

A Saint-Nic, les tailleurs furent les premiers à s'en apercevoir. Nous ne savons ni leurs noms, ni leur nombre. En tout cas, le 5 Novembre 1793, « vieux style » (sic) l'an deux de la République une et indivisible, la municipalité reçoit l'ordre de requérir *tous* les tailleurs de la commune. Ils doivent se rendre à Chateaulin « *sur le champ sous les 24 heures* » !

Que de réflexions amères échangèrent nos braves gens dont plusieurs n'étaient plus jeunes, en grimpant

la Montagne et en cheminant vers l'inconnu ! Et dans
la paroisse tout entière, bien que les « réquisitionnés »
ne fussent que des tailleurs, l'émotion dut être grande,
car désormais qui se serait senti en sûreté ?

Cependant, les Saint-Nicais se préparaient à opposer
aux lois de spoliation une résistance formidable. Ils
ne se défendront pas par la force, mais par des ruses
et des fraudes de toutes sortes.

La première réquisition porte sur les chevaux de
selle et de luxe. « Après avoir vu et examiné la commune, répond la municipalité, nous n'avons pas de
chevaux que ceux sujets à l'agriculture. »

Quelques jours plus tard, on demande des brides
et des selles. La réponse est la même : « Après avoir
vu et examiné toute notre commune, nous n'avons
trouvé aucune selle, ni bride, ni harnois qui pût servir
pour l'équipement des cavaliers... » Il est bien évident
que pour « voir et examiner toute la commune », les
officiers municipaux n'ont pas bougé de chez eux. A
quoi bon causer de la peine à leurs administrés ?

Ils n'oseront pas dire pourtant qu'il n'existe pas
d'avoine. Ils enregistrent l'ordre de faire fournir 240
quintaux d'avoine et de les transporter aux magasins
nationaux de Port-Launay, distant de 20 kilomètres,
mais ne semblent pas avoir fait plus.

Le 17 Novembre, sur l'ordre du représentant du
peuple à l'armée des côtes de Brest et Lorient, ils demandent que tous ceux qui possèdent des fusils viennent les déposer au greffe de la municipalité, d'où ils
seront immédiatement transportés à Chateaulin. Au
bout d'un mois, 20 fusils sont réunis, et Jean Le Mauguen, du Leuré, est désigné pour les transporter à
Chateaulin.

Le même jour, ils préviennent les cultivateurs de
venir déclarer la quantité de fourrage, de foin et de
paille de différentes qualités dont ils sont propriétaires.

Le même jour, enfin, qui est un dimanche, à l'issue de la messe, ils enjoignent à un certain nombre d'individus « nommés à haute voix », de descendre les cloches des clochers des chapelles et de les transporter à l'église paroissiale pour être ensuite envoyées à la fonderie, eux-mêmes, officiers municipaux et procureur de la commune, se chargeant de descendre celle de l'église paroissiale.

Effectivement, les cloches des chapelles furent descendues. Mais elles n'allèrent pas à la fonderie. La population aimait trop ses chapelles pour laisser commettre le sacrilège. Elle s'y opposa énergiquement, et les cloches de Saint-Côme furent cachées dans une prairie pour échapper à la réquisition. Du moins, c'est ce que rapporte la tradition ; aucun document n'en parle. La légende s'est emparée du fait et l'a embelli selon son habitude : depuis plusieurs années déjà, le clocher de Saint-Côme était vide et muet, lorsque, par un soir d'été, la tourmente ayant passé, l'on entendit un carillon mystérieux semblant provenir d'une prairie de Saint-Côme. C'était l'appel des cloches invisibles qui demandaient à être délivrées de leur prison de boue et à remonter dans leur clocher à jour. Guidés par leur son, les habitants du village les trouvèrent facilement, et, tout joyeux, les rendirent à leur chapelle.

On peut se demander si l'unique cloche de l'église paroissiale — car si Saint-Côme avait alors deux cloches, l'église paroissiale n'en avait qu'une — fut descendue. Il semble bien que si le maire, les officiers municipaux et le procureur de la commune déclarent se charger eux-mêmes de cette besogne, c'est avec l'intention bien arrêtée de n'en rien faire. En effet, plus d'un mois plus tard, la cloche est toujours en place. Mieux encore, la municipalité convient, le lendemain de Noël, avec Corentin Gannat, maréchal-ferrant à Pratigannat, en Plomodiern, de faire des réparations « *sur nostre cloche et sur nostre orlauge* » (*sic*).

Le même jour, une lettre du Directoire de Landerneau exige que les cultivateurs de Saint-Nic approvisionnent en blé le marché et la commune du Faou. Non seulement on leur demande leur blé, mais on exige qu'ils le transportent eux-mêmes au Faou, c'est-à-dire à 20 kilomètres de chez eux. Cette désinvolture ne dut pas plaire aux officiers municipaux, car ils ne s'empressèrent pas d'obéir. Le procureur de la commune se fâcha et après avoir « requis le maire et officiers municipaux de faire leur diligence sur les réquisitions, il les laisse en leur risque, péril et fortune » !!

Quelques jours auparavant, Marguerite Phérézou, veuve de Thomas Marc, de Kermot, est obligée de fournir une couverture de laine. Elle devra la déposer à la maison commune, et la municipalité se chargera de la remettre « entre les mains des administrateurs du directoire du district de Chateaulin ».

Comme on le voit, la réquisition ne portait pas seulement sur les produits de la terre, mais aussi sur les objets les plus invraisemblables...

Chapitre X

Le Conseil municipal s'érige en Tribunal.
Comité de surveillance.
Distribution de secours. — Réquisitions.

De jour en jour, la municipalité était plus accablée sous une avalanche de décrets et d'ordres à exécuter. Ses occupations sont multiples. Parfois, il lui arrive de se substituer aux tribunaux que la Révolution a emportés et qu'elle n'a pas remplacés. Elle s'en tire d'ailleurs fort bien. Quelquefois même, il y a une pointe d'humour dans les sentences qu'elle porte, comme dans le jugement qu'elle rendit le 9 Juin 1793. Pour qu'il ne perde rien de sa saveur, nous le transcrivons tel quel, en y ajoutant simplement la ponctuation, dont le secrétaire-greffier n'avait pas la moindre idée.

« Aujourd'hy, neuf juin mil sept cent quatres vingt treize, l'an deux de la république francaisse, séance présidé par le citoyens Droff, maire, assistée des citoyens Gannat, Hascoët, Laouénant, Larour et Join, officiers municipaux, présent le citoyen Latreille, procureur de la commune, en ses conclusions sur les raport du citoyen Yves Derien, cultivateur du lieu de Kergoat-Com. Ledit Derien a déclarée que Yves Maureau, son voizin, demeurant séparément au dit lieu de Kergoat-Com, ou ceux qui sont a sa charges, avoit yer samdy, huit du présent mois, battu Catherine Helgoualch, femme dudit Derien, et même menacée de le rachetée la vie, et ce par Barbe Piriou, femme dudit Maureau, accompagnée de Marguerite Thomas, femme Pilican, demeurant séparément audit lieu de Kergoat-Com.

« Nous, Maire et officiers municipaux, arrettons sur les conclusions du procureur de la Commune et la déclaration d'Yves Derien : ordonnons à Yves Derien de prouvé ses plaint. Et en l'endroit s'est présenté Jean Capitaine, cultivateurs demeurant à Coetterelle, témoin appellée par ledit Yves Derien. Lequel dit Capitaine, avant de rien déclarée, a fait le serment devant nous Maire et officiers municipaux de dire la véritée desqu'ils a veu et entendu. Ledit Capitaine nous a déclarée qui na pas veu faire aucun tort à la dit Catherine Helgoualch, mais ils a déclarée qu'ils antendu et veu ladite Helgoualch a criée et même elle été abimé de tous vilini. De plus, ledit Capitaine a dit qu'il a entendu Margueritte Thomas à dire, à présent il y a environ quinze jour, qui sera allé sur Catherine Helgoualch quant elle sera seul.

Et en l'endroit, nous, Maire et officiers municipaux, dison d'un voix et unanime que le raport de Jean Capitain n'est pas suffisant de jugée ledit Maureau sur le plaint que nous avons reçu d'Yves Derien. Sest pourquoi nous ordonnons à Yves Derien d'envoier d'autres témoin. En foi de quoi nous signon ; et comme les plaint nous est pas prouvés, nous déclaront le présent procès verbal nul. En foi de quoi nous signon la nullités... »

N'est-ce pas un jugement plein d'équité, de prudence et de sagesse ?

Le renouvellement des municipalités fut suspendu le 4 Décembre 1793. La Terreur était commencée. Les procureurs des communes qui, jusque-là, étaient *élus* furent remplacés par des agents *nommés* par la Convention et responsables devant elle. Mais ils n'étaient pas toujours nommés par elle directement ; à Saint-Nic, nous voyons les conseillers municipaux se réunir au début de Janvier 1794, en vertu d'un décret du quatorze Frimaire précédent, pour élire un agent, un président et un greffier. Le citoyen Latreille, ci-devant procureur de la commune, est proclamé d'une voix unanime *agent national*. Le citoyen Yves Mazé est nommé *président*, et Guillaume Le Droff secrétaire-greffier. Celui-ci s'engage pour la somme de 200 livres à faire pour l'année 1794 le travail du greffe de la municipalité « quand requis sera et où il sera besoin ».

Le 17 Nivose a lieu l'élection d'un Comité de surveillance ou Comité révolutionnaire. Ce comité, composé de 12 membres, est élu par le Conseil général de la commune, c'est-à-dire par les officiers municipaux et un certain nombre de notables. Sont élus membres du Comité de surveillance :

Corentin Le Roy, de Pen-ar-Chréac'h, qui obtient	37 voix
Jacques Piclet, de Ruyen,	34 —
Yves Lastennet,	32 —
Nicaise Le Breton, de Brégalor,	30 —
Corentin Didailler, le Vieux (*sic*),	27 —
Yves Guéguéniat, le Vieux,	26 —
Jacques Bideau, le Jeune,	28 —
Guillaume Lezenven, de Lessirguy,	27 —
Pierre Le Bris,	24 —
Jean Le Roux,	23 —
Louis Le Ménez,	23 —
Et Jean Le Droff.	

Des voix s'éparpillèrent encore sur dix autres noms, mais seuls les douze premiers furent élus.

Des comités semblables furent constitués dans toute

la France pour épurer le pays, dresser la liste des suspects, dénoncer ceux dont le civisme laissait à désirer présider aux enquêtes, aux saisies, aux arrestations en un mot, pour être les juges de l'orthodoxie révolutionnaire. Les vieilles rancunes, les querelles de famille trouvèrent là à s'assouvir dans de basses vengeances.

Par bonheur, le Comité de surveillance de Saint-Nic était composé de braves gens, pas plus révolutionnaires que vous ou moi, fatigués au contraire de la Révolution et surtout des réquisitions !

Car celles-ci continuent de plus belle. Le 15 Ventose de l'an II, les officiers municipaux sont chargés de « requérir chez les propriétaires et fermiers les plus aisés de la commune, tous les sacs bons et propres à mettre la farine ».

Bientôt, les ordres deviennent des sommations dans le genre de celle-ci : « Nous requérons la municipalité de Saint-Nic sous la responsabilité individuelle et solidaire de chacun d'eux de faire parvenir au district sous le délai de 8 jours au plus tard, le rôle des indigents de leur commune, le plomb de leur église, les drisses et chiffons qu'ils auront réunis, avec l'état de ceux qui en ont fourni et celui de ceux qui auront négligé de le faire... » C'est signé : Finigan, agent national du District de Ville-sur-Aulne, c'est-à-dire Chateaulin. Car Chateaulin avait été débaptisé, si je puis dire. Son nom rappelait trop le temps des châteaux et du fanatisme, et les patriotes du lieu ne purent le tolérer plus longtemps. Un simple arrêté tranchant comme le couperet de la guillotine, fit justice de ces restes d'Ancien Régime. Et Chateaulin devint Ville-sur-Aulne. La sottise d'ailleurs n'a jamais qu'un temps ; quelques années plus tard, Ville-sur-Aulne redeviendra Chateaulin comme devant.

L'on est presque étonné que Saint-Nic qui commé

more le nom d'un Saint n'ait pas été... laïcisé à la même époque ; non pas que la municipalité fût composée de Jacobins, mais on peut s'étonner qu'elle n'ait pas reçu lettre comminatoire de l'administration du District, fulminant contre ses sentiments rétrogrades. et contre-révolutionnaires. Il n'en fut rien. Et notre paroisse continua à s'appeler cléricalement Saint-Nic,. même au plus fort de la Terreur...

S'il y eut des réquisitions fréquentes, il y eut aussi quelques distributions de secours et de denrées.

Un décret de la Convention du 21 Pluviose an II accordait une indemnité aux défenseurs de la Patrie et à leurs familles. Les ayants-droit, au nombre de dix-huit, se présentent à la sacristie le 2 Floréal. Immé-diatement, Alain Lagadec, de Pentrez, et Christophe Lars, de Lessirguy, sont choisis comme commissaires-vérificateurs chargés de « vérifier. et examiner les titres. ou droits d'après les déclarations faites par tous les réclamants inscrits sur la liste », et Guillaume Lezenven, de Lessirguy, et Jean Larour, du Manoir Guer-meur, sont désignés pour être commissaires-distributeurs. La Révolution a été riche en commissaires : il y en avait de toute sorte et de toute fonction. Bref,. l'indemnité à distribuer à Saint-Nic montait à la somme de 1.705 livres et 2 deniers, ce qui donnait pour chaque « réclamant » moins de 100 livres, c'est-à-dire, presque rien si l'on tient compte de la valeur réelle de l'assignat en 1794.

Malgré les sommations, les Saint-Nicais opposent toujours la force d'inertie aux demandes qui leur sont faites par l'Etat, qu'il s'agisse d'argent ou de produits. du sol. Le 20 Ventose, les commissaires-vérificateurs qui sont eux-mêmes des Saint-Nicais disent : « Nommés pour scavoir qui est sujet à l'amprunt forcé de la commune de Saint-Nic, après avoir fait un relevé chez tout les propriétaires au greffe de notre com-

mune, nous sommes transporter au greffe de notr
municipalité pour déclaré que nous n'avons trouv
aucun sujet à l'amprunt forcé sur la commune, su
vant la loi du 24 Août 1793, vieux stils (sic), conse
nant l'amprunt volontaire, et celle du 3 Septembr
aussi vieux stils, relatifs à l'amprunt forcé ».

Des réquisitions de bois de chauffage pour l'appr
visionnement de Brest et de la Marine de la Républ
que ont été dirigées par un certain Labous, Jean Bo
Saint-André se montre « satisfait du zèle et de l'act
vité avec lesquelles ledit citoyen a opéré dans le di
trict de Ville-sur-Aulne pour le bien de la chose publ
que. Mais instruit que la malveillance cherche à ren
dre ses recherches nulles ou à retarder le succès d
ses démarches, il arrette :

Qu'il reprendra tout de suite les mêmes opérations
Que les bois taillis dans toutes les municipalités d
département du Finistère seront coupés depuis l
5 Germinal jusqu'au 5 Floréal, ce qui revient depui
la fin d'Avril jusqu'à la fin de Mai vieux style ;

Que les écorces propres à faire du tan en seron
séparées et que chaque citoyen en déclarera la quan
tité à sa municipalité ;

Qu'il sera fait de même pour les bois taillis de
Emigrés ;

Que la coupe de tous les bois courants sur les fossé
sera faite immédiatement. Ce bois sera expédié à Bres
et en d'autres villes. La confiscation des biens punir
les récalcitrants... »

En conséquence, Jean Le Droff, de Lescorvo, Jea
Le Droff, de Saint-Côme, et Jean Le Mauguen, d
Leuré, sont nommés commissaires à la coupe des boi
et répartissent le travail : Alain Kernévez, du Cosque
devra fournir quatre cordes de bois ; Hervé Latreille
de Costévadiou, en Argol, en fournira autant ; le
propriétaires et détenteurs du bois de Kerzant le cou

eront en entier. Jean Le Droff et Louise Le Bourveau,.
a belle-mère, fourniront une corde et demie. Henry
oin, de Costéker-Penc'hoat, coupera trois cordes ;
ean Le Droff, du même lieu, deux cordes ; Guillaume-
Marc, de Kermot, en coupera une corde sur ses pro-
riétés du Penc'hoat.

Il ne s'agit plus de tergiverser. Ces propriétaires se
mettront au travail immédiatement, « pour être prest
à rendre le bois au premier réquisition où besoin
sera... »

Puis la commission des armes et poudres de la
République demande qu'on lui remette les bois de
bourdaine de trois à neuf ans, les anguins rouges et
blancs, les noisetiers, les tiges d'osier, d'aulne et de
saule. Naturellement, c'est une occasion pour nommer encore, dans chaque section de la commune, des
commissaires qui devront dresser un état de tous les
bois ci-dessus indiqués, et un état de tous les particuliers qui possèdent du bois de quelque essence que
ce soit.

Depuis que les ordres deviennent plus menaçants,
la municipalité ne se contente plus de les enregistrer :
elle s'essaie à les faire exécuter. Ainsi, lorsque le
24 Germinal, on demande à la commune de fournir
10 quintaux de froment et de les transporter au magasin de Port-Launay, elle les répartit entre différents
propriétaires.

Un mois plus tard, nouvelle réquisition de 50 boisseaux de froment, qu'il faudra, comme toujours,.
transporter à Port-Launay, et pour le jeudi 3 Prairial
au plus tard ! La réquisition est ainsi répartie :

Anne Nicolas, du Bourg,	5	boisseaux.
Jacques Bideau, de Landévadé,	4	—
Pierre Larour, de Brénalen,	10	—
Corentin Larour, de Brénalen,	10	—
Jean Nicol, de Kervingar,	10	—

Henry Join, de Costéker-Penc'hoat,   3 boisseau
Guillaume Le Droff, de Porz-Gourmelen,   2   —
Corentin Didailler, de Porz-Piriou,   3   —
Corentin Queffelec, de Créac'h-Milin,   1   —

Après le blé, les bœufs. Pierre Le Bris, de Stanqu
len, devra envoyer à la foire de Plomodiern du 30 Fl
réal les « deux grands bœufs *garnoirs* qu'il possè
chez sa mère ». Yves Guéguéniat, de Porz-ar-Bor
fournira « ses deux grands bœufs rouges pour la su
sistance et l'approvisionnement de l'armée ».

Il devient difficile d'échapper à la réquisition. L
commissaires savent non seulement qui possède d
bœufs, mais ils savent même la couleur de leur robe

Et maintenant, les réquisitions se suivent, sa
répit ni arrêt. Un jour, c'est 5 milliers de paille de fr
ment, un autre jour, 5 milliers de paille d'orge, pu
50 quintaux de froment, que la municipalité répar
comme elle peut entre les cultivateurs. Tous y passer
et plusieurs fois ! Un autre jour, c'est un commi
saire, nommé par la Société populaire de Ville-su
'Aulne, qui demande qu'en vertu d'un arrêté du Comi
du Salut public on lui désigne les prairies qui peuve
être réquisitionnées. On lui indique la prairie de Gou
laouën, située au Grand-Launay, appartenant à Yv
Lastennet... Un autre jour encore, l'agent nation
« requiert le maire et les officiers municipaux de fai
la visite chez les propriétaires de grain pour scav
qui ont du bled noir en leurs possestion pour l
requérir dans donner de bled noir pour semence
ceux qui n'ont pas et si on ne trouve pas sur la co
mune, ils feront leur pétitions au directoire du d
trict pour en avoir des autres municipalités dans
plus breffs délay... »

Les paysans sont accablés par les réquisitions et
charrois incessants. Sous le calme apparent, fermer
un mécontentement profond.

Phot. Le Doaré, Châteaulin.

Saint-Nic. — L'Église paroissiale.

Chapitre XI

Réquisitions. — Fraudes. — Résistance.
Punition des récalcitrants.

A l'automne de 1792 et 1793, les cultivateurs avaient semé le moins possible, la moisson de 1794 n'est pas encore faite. Leur reste-t-il assez de grain pour leur propre entretien ? On ne sait. Mais les fonctionnaires chargés des réquisitions ne s'arrêtent pas à de telles considérations. Un arrêté du Comité du Salut public est porté, le 20 Messidor, à la connaissance des Saint-Nicais. Il porte que les possesseurs d'avoine qui la refuseraient à la réquisition ou en cacheraient quelque quantité seraient regardés comme suspects et punis comme tels : « Considérant que les avoines sont une partie essentielle de la subsistance de ce district, que les administrateurs sont chargés de faire provisoirement le prélèvement des quantités rigoureusement nécessaires pour ne pas compromettre la subsistance des administrés jusqu'à la coupe des premières graines, le Conseil municipal arrette de requérir et requiers tous les possesseurs d'avoine de cette commune de rendre tout les avoines qu'ils ont en leur possestion, à l'exception de 20 livres pour chaque individus, au magazin de la République à Port-

Launay, sous leurs responsabilités et sous huit jours à compter du jour d'aujourd'hui ; et ceux qui refuseront d'obéir à cette réquisition seront traités comme suspect et punis comme tels... »

« *Etre traité de suspect et être puni comme tel* », on sait ce que cela signifiáit... Cela signifiait qu'on était considéré comme « ennemi du peuple », « ennemi de la liberté » et marqué pour la guillotine !

C'est le refrain sinistre qui revient maintenant à la fin de chaque ordre de réquisition. Vous ne répondez pas avec enthousiasme quand on vous demande votre blé ? Vous êtes suspects. Vous ne voulez pas donner vos bœufs à vil prix ? Vous êtes suspects. Vous résistez quand on vous exproprie ? Vous êtes suspects. Revenez à de meilleurs sentiments, ou gare à l'échafaud.

Les paysans ainsi avertis, les réquisitions continuent. Le 7 Thermidor, le citoyen chargé de l'Administration des prisonniers de guerre de la Marine demande 40 quintaux de beurre ! La quote-part de Saint-Nic est de 50 livres. Et ce beurre « salé ou frais » devra être rendu à Ville-sur-Aulne le surlendemain. Alain Kernévez, du Cosquer, et Jean Latreille, de Porz-Quintric, le fourniront, et il leur sera payé à raison de 10 sols la livre.

A la dernière réquisition de froment, il manquait 29 quintaux. On les réclame le 4 Thermidor, par des menaces, naturellement. On réussit à en trouver 26, ce qui montre que malgré toutes les menaces les fraudes continuent.

Partout, les populations souffrent de la faim. Toutes les denrées manquent à la fois. Les marchés sont vides. La récolte a été déficitaire. Et dans tout le pays, c'est la misère et la ruine. Pour essayer d'éviter la famine, le Comité du Salut public s'en prend une fois de plus aux cultivateurs, dans son arrêté du 13 Ther-

midor, an II de la République une et indivisible...
« Le Comité du Salut public voulant préparer les
moyens de faire renaître l'abondance dans l'étendue
de la République, et procurer à tous les consomma-
teurs la faculté de trouver dans les marchés tout ce
qui leur sera nécessaire, arrête :

Article 1er. — Tous les cultivateurs sont en réquisition pour garnir et approvisionner les marchés en
quantité suffisante de toutes espèces de denrées et
surtout de grains.

Article 2. — Si les cultivateurs ne s'empressaient
pas de concourir à garnir les marchés de leur arrondissement, — ce qui supposerait la plus grande malveillance, — ils seront tenus à dater du 1er Fructidor,
d'après les demandes qui leur seraient faites, de con-
duire dans les marchés qui leur seront désignés par
les agents nationaux de chaque district et d'après
l'arrêté du Conseil général, la quantité de grains pro-
portionnée à leur récolte nécessaire à l'approvionne-
ment de chaque marché.

Article 3. — Il est nécessaire de se servir de la
réquisition forcée pour parvenir à faire garnir les
marchés. Les Directoires des Districts et les Conseils
Révolutionnaires des communes devant présumer
qu'il existe encore une coalition au profit d'individus
qui au lieu de l'abondance veulent perpétuer la disette,
feront informer contre ceux qui n'ayant pas conduit
de grain aux marchés paraîtraient être entrés dans
cette coalition et les feront arrêter comme suspects,
s'ils ne peuvent pas prouver qu'il leur aura été impos-
sible de le faire.

Article 4. — Dans chaque commune où il y aura un
marché, il sera choisi un officier municipal qui cons-
tatera chaque jour de marché et fera enregistrer la

quantité des différentes espèces de grains qui y seraient apportés, le prix qu'ils auront été vendus ; et il aura soin surtout d'empêcher qu'aucun particulier ne puisse acheter que ce qui lui sera absolument nécessaire pour la consommation d'une décade.

Article 5. — Cette règle pouvant donner encore lieu à des malintantionnés de s'en servir (*sic*) pour prolonger la disette, en allant pendant la même décade, après avoir acheté dans un marché leur provision, en faire autant dans d'autres, chaque municipalité surveillera cette manœuvre et ceux qui seront convaincus de l'avoir employée seront réputés suspects et arrêtés comme tels.

Article 6. — Chaque municipalité, sur sa responsabilité, aura aussi le plus grand soin d'empêcher qu'aucun habitant de sa commune ne s'approvisionne d'une plus grande quantité de grains ou de farine qu'il ne lui en faut pour sa consommation pendant le cours d'une décade... Pour que les uns n'éprouvent pas pénurie et disette lorsque les autres seraient abondamment approvisionnés, tous ceux qui seront trouvés avec chez eux des grains ou farine provenant d'achats pour plus d'un mois seront dès ce moment regardés et arrêtés comme suspects... »

La foire du Ménez-Hom, qui se tient au début de Septembre, est achalandée de cette façon. Saint-Nic est tenu d'y envoyer quatre bœufs gras sur l'ordre du Directoire du District qui « nous a requis et requiert de les faire rendre par voie de réquisition à la foire qui se tiendra à Ménez-Com le 29 Thermidor ». Deux propriétaires sont désignés pour y envoyer leurs bœufs, et pour qu'il n'y ait pas de fraude possible, chacun des bœufs est bien décrit : «Yves Lastennet, du Grand-Launay, y enverra les plus âgés de ses bœufs, à savoir le rouge et le châtain-noir. Anne Nicolas, du Bourg, *rendra les deux plus enciens de ses beuf, scavoir un garnoire et un noire... »*

A peu près chaque jour du mois suivant apporte quelque ordre de réquisition. Le 9 Fructidor, il faut fournir et transporter au ci-devant manoir de Quélern, 39 lits « garnis de leurs accoutrements et propres à coucher deux hommes... » Toute la paroisse contribue ainsi à permettre à une partie de l'armée française de dormir bien chaudement dans des lits-clos ! Chacun fournit qui un lit, qui un drap, qui une couverture, ou le tout à la fois.

Quatre bœufs gras devront être présentés à la foire d'Argol le 15 Fructidor. Ils seront estimés par expert et tiers et payés sur-le-champ selon l'estimation faite, sans que le propriétaire ait rien à voir dans l'établissement du prix.

Le 13 Fructidor, réquisition de 250 quintaux de froment et autant de seigle à répartir sur plusieurs décades. Le prix en sera payé comptant à Port-Launay au moment de la livraison et suivant le *maximum* fixé par la loi du 11 Septembre de l'année précédente. Si l'on songe que ce maximum n'était fixé qu'à un tiers en sus du prix courant de 1790 et si l'on songe que la monnaie avait encore considérablement diminué de valeur depuis la fixation du maximum, on comprendra à quel point les paysans étaient volés.

Le 20 Fructidor, nouvelle réquisition de froment pour le marché de Ville-sur-Aulne. Ce sont toujours les mêmes noms qui reviennent dans les listes :

Corentin Le Bris, de Coatérel ; Mathurin Le Bideau, de Trohom ; Hervé Le Droff, du Petit-Launay ; Jean Le Droff, de Lescorvo ; Alain Hascoët, de Kerscouarnec ; Thomas Join, de Quellien ; Pierre Le Ménez, de Quellien ; Jean Calvez, de Penanvoez ; Marie Fouest, de Brémélec ; Marie Brœnnec, de Porz-Moro ; Pierre

Moré et Jacques Paul, de Pentrez ; Anne Moreau, de Kerninet ; Jean Le Mauguen, du Leuré ; Henry Join, de Gorré-Ker-Penc'hoat ; Guillaume Le Droff, de Porz-Gourmelen ; Pierre Boguion, de Penc'hoat-Tinaou ; Hervé Gallou, de Brénalen ; Yves Kerascoët, de Penanvoez, etc...

Le 22 Fructidor, 4 bœufs sont réquisitionnés pour la foire qui se tient le lendemain au Ménez-Hom. Jean Larour, du Guermeur, y conduira « *les deux plus âgés de ses bœufs, l'un noir, l'autre garnoire et qui a la tête blanc* ». Jacquette Mazeau, de Gorré-Leuré, y conduira un noir et un rouge.

Le surlendemain, réquisition de 20 cordes de bois, dont 19 à transporter à Crozon et une au corps de garde de Cameros.

Le 12 Vendémiaire, an III, ordre de présenter 10 bœufs gras à la foire de Lanvéoc. Mais l'ordre arrive trop tard. Qu'à cela ne tienne. Un nouvel ordre demande qu'on conduise les 10 bœufs à Ville-sur-Aulne, le lendemain, à 9 heures du matin. Les 10 bœufs ne suffisent pas. Il en faut deux autres pour l'approvisionnement des côtes de Brest. Jean Mauguen, du Leuré, les fournira.

Le 14 Vendémiaire, réquisition de 100 quintaux de paille de froment à transporter au magasin de la République à Ville-sur-Aulne, dans le plus bref délai.

Mais il y a une limite à tout, même à la patience de nos paysans. Et cette fois, ils boudent presque tous, puisque sur 100 quintaux de paille qu'on leur demande, ils n'en donnent que 15. A part Luc Capitaine, Anne Nicolas et Jacques Marc'hadour, qui donnent chacun 5 quintaux, tous font la grève des bras croisés. Un mois se passe. Ils peuvent penser qu'on les laissera tranquilles, et sans doute déjà, plus d'un se frotte les mains en se disant que la paille dont il a tant besoin pour l'hiver qui vient, va lui rester. Ils oublient que la grève est un moyen qui ne réussit pas en l'an III de la République une et indivisible. En effet, un beau jour ou, plus probablement, un vilain jour de Brumaire, ils reçoivent l'ordre de fournir les 85 quintaux de paille de froment qui constituent le reste de la réquisition du 14 Vendémiaire. Et pour punir leur mauvaise volonté, en même temps que pour leur enlever l'envie de recommencer pareille résistance, ils sont contraints de transporter leur paille, non plus à Ville-sur-Aulne, mais à... Morlaix ! On leur accorde dix jours pour exécuter l'ordre, et la municipalité est autorisée à procurer chevaux, bœufs, charrettes et voitures à ceux qui n'en ont pas, ce qui revient à faire une seconde réquisition. Pauvres Saint-Nicais qui avaient pu croire un moment que les corvées avaient disparu avec l'Ancien Régime ! Que d'illusions ils gardent encore que la Révolution triomphante brisera peu à peu, jusqu'à les faire disparaître tout à fait.

Un ordre de réquisition du 10 Brumaire aïde Corentin Didailler, de Porz-Piriou, à dissiper les siennes. Il faut que le 4 Novembre, vieux style, avant onze heures du matin, il ait transporté à Ville-sur-Aulne « les deux plus anciens de ses bœufs, l'un rouge, l'autre jaune ».

Aujourd'hui, à Saint-Nic, on n'attelle plus les bœufs. Au temps de la Révolution, au contraire, c'était chose courante. Il advint qu'un jour, le 7 Frimaire, an III, les deux bœufs de Jean Piriou, de Costéker-Penc'hoat, furent réquisitionnés. Or, c'étaient deux bœufs de labour et il n'avait que ceux-là. La Révolution était cruelle. Singulièrement gêné par cette réquisition, le pauvre Jean Piriou vint exposer ses difficultés et ses doléances à la municipalité, et bientôt tout fut arrangé au mieux des intérêts — non pas de tous — mais du moins du plaignant. « Nous arrêtons, dirent les officiers municipaux, qui étaient de braves gens, nous arrêtons de requérir au dit Jean Piriou deux bœufs à remplacer les siens pour le besoint de son ménage dans les endroit qu'il y a quatres. Et nous avons vu que le citoyen Hervé Guéguéniat de Penanvoez a quatres bœufs à son disposition. En conséquence nous requéron le dit Guéguéniat de donner deux de ses bœufs à Jean Piriou pour faire l'ouvrage de son ménage... »

Chapitre XII

**Réquisitions. — Charrois.
Recensement des grains, farines, légumes.
Résistance passive. — Amende.**

Nous avons dit, au début, qu'il y avait à Saint-Nic un bon nombre de métiers de tisserands. C'est donc aussi que le lin et le chanvre y étaient cultivés plus qu'aujourd'hui. Le 18 Brumaire, le citoyen Gestin, employé civil de la Marine, invite la municipalité à réquisitionner 600 livres de fil, et la municipalité désigne un certain nombre de gens en assignant à chacun la quantité à fournir.

Le 19 Frimaire, an III, le Conseil municipal « arrette de requérir et requier *au nom du devoir sacré qui porte à faire le bien* (sic) que les voitures de cette commune se rendent à Moalien (en Plonévez-Porzay) pour transporter ce qu'elle pourront de bois à Lanvéoc... » En tout, 14 charrettes.

Nous avons vu que la réquisition des travailleurs marchait de pair avec la réquisition des biens, et nous avons vu les tailleurs de Saint-Nic s'en aller vers les ateliers nationaux. Ils n'avaient pas été les seuls à partir. Les forgerons aussi avaient été réquisitionnés. L'un d'eux s'appelait Joseph Le Baron et était employé à Brest. Pour une raison ou pour une autre, il lui fut permis de rentrer à Saint-Nic, le 1er Nivose, an III. Mais immédiatement, la municipalité « requiert Yves Piclet de se transporter de suite à Brest auprès de l'ingénieur constructeur en chef du port de Brest où il sera employé au lieu et place de Joseph Le Baron ».

Le même jour, réquisition de 7 cochons. (Nous avons dit que tout allait de pair !)

Huit jours plus tard, Jean Le Droff, du moulin de Kermazily, est obligé de couper une corde de bois et de la transporter au corps de garde de Cameros. Nous sommes, en effet, en plein hiver, et il faut que les douaniers aient chaud.

Puis, réquisition de 50 quintaux de froment, le 15 Nivose. Comme d'habitude, les propriétaires et fermiers sont désignés.

Le 27 du même mois, réquisition de 14 charrettes pour transporter du bois, de Moalien à Lanvéoc. Le 20 Pluviose, nouvelle réquisition de charrettes pour transport de bois. Cela représentait chaque fois un voyage de près de 70 kilomètres, entre l'aller et le retour.

En Décembre, les Jacobins étant vaincus, avaient été votées l'abolition du *maximum*, la suppression de la Commission d'approvisionnement et la liberté totale du commerce.

C'est pourquoi, le Directoire du District demande aux Conseils généraux des communes de donner leur avis sur le prix des grains et des fourrages. Le Conseil général de Saint-Nic estime le quintal de froment, transport compris, 90 livres, le quintal de seigle 75 livres, le quintal d'avoine 45 livres, le millier de foin 200 livres, le millier de paille de froment 150 livres...

Ces prix serviront désormais à régler les paiements des produits réquisitionnés. Car, malgré la réaction thermidorienne, les réquisitions continueront long-temps encore. La famine augmente dans la France entière.

Le 29 Pluviose, on exige 250 quintaux de froment, 20 quintaux de seigle, 40 quintaux d'avoine, 40 quintaux de foin et 80 quintaux de paille. L'expédition de ces grains et fourrages à Port-Launay se fera en trois fois dans l'espace de six décades.

Nous avons vu plus haut une réquisition de lits et de literie. Mais celle-ci ne dure pas toujours... Le 15 Ventose, ceux qui ont fourni ces lits et literies sont invités par le citoyen Lelchat, commandant le déta-chement de Quélern, à faire changer les draps, couver-tures, traversins et couettes. Ils doivent faire parvenir au manoir de Quélern, au plus tard dans deux jours, 42 draps, 21 couvertures, 21 traversins et 20 couettes.

Le 7 Floréal, en vertu d'un arrêté du 4 Germinal, le Conseil général de Saint - Nic nomme un certain nombre de ses membres pour faire le recensement des grains battus et non battus, des farines et des légumes. Les quatre cinquièmes de ces grains, farines et légu-mes seront laissés à la disposition des propriétaires. L'autre cinquième sera ainsi réparti : la moitié restera entre les mains des propriétaires, mais à la disposition de la municipalité, qui en disposera selon les besoins, et l'autre moitié sera transportée immédiatement au magasin de la République pour servir à l'approvision-nement des Armées et de la commune de Paris.

Mais cette fois encore, les cultivateurs ne bougent pas. La dîme de l'Ancien Régime n'avait jamais été aussi lourde que la dîme de la Révolution. A quoi bon avoir fait la Révolution, songent-ils, si c'est pour être plus malheureux et plus accablés d'impôts qu'aupara-vant ! Et chacun reste chez soi. Mais le Directoire du District, qui ne l'entend pas de cette oreille, maintient la réquisition et y ajoute une amende...

Dans le même temps, sont réquisitionnés 144 livres de chanvre et 20 sacs, qui sont payés 160 livres 10 sols.

Le 27 Prairial, « vu la loi du 2 Prairial relative à un recensement général des farines et des grains battus ou en gerbe, le procureur seindic arrette de nommer et nomme pour commissaire pour la commune de Saint-Nic Pierre Pelliet du bourg de Ploéven, invite le dit commissaire de s'occuper sans délai du dit recensement, d'en déposer les états au secrétariat du district aussitôt ses opérations terminées et de se conformer en tout à la loi précitée... et enjoint à la dite municipalité de Saint-Nic *de prêter aide et assistance par tous les moyens possibles* au commissaire sus-dénommé... »

On remarquera le changement de méthode. Le dernier recensement avait été fait par les officiers municipaux et les notables de Saint-Nic même, donc par des gens enclins à l'indulgence pour eux-mêmes et pour leurs compatriotes. C'est dire que le recensement dut être fort mal établi. Aussi, cette fois, nomme-t-on pour faire le travail un commissaire étranger à la paroisse, et sur qui l'on peut par conséquent compter davantage. Réussit-il mieux que ses prédécesseurs ? C'est peu probable ; il est bien certain que les habitants de Saint-Nic firent ce que faisaient tous les paysans de France, je veux dire qu'ils cachèrent leurs récoltes et qu'ils n'en laissèrent voir que ce qu'ils voulurent bien.

Le même 27 Prairial, 29 charrettes sont encore réquisitionnées pour transporter 50 cordes de bois, de Moalien à Douarnenez. Le 20 Vendémiaire, on ne demande que 20 charrettes pour la même corvée. Mais cette fois, il y a 180 cordes à transporter. Chaque voiture aura donc 9 cordes à transporter, ce qui l'oblige à faire plusieurs voyages.

A chaque instant, on réquisitionne des lits, des draps, des couvertures, des traversins, des couettes, de la paille fraiche pour les douaniers ou les soldats du corps de garde de Cameros. Ce corps de garde se trouvait à peu près à égale distance entre Pentrez et Cameros. Il en subsiste encore aujourd'hui le pignon occidental, percé d'étroites meurtrières. De loin, il ressemble à un immense menhir. Du haut de la falaise, se détachant sur le ciel comme une sentinelle, il semble encore veiller sur le pays et surveiller la Baie de Douarnenez, comme au temps où l'ennemi venait par mer...

Des ordres de réquisition de literie qui se suivent régulièrement, on peut déduire que les douaniers changeaient de draps tous les trois mois...

Le 21 Frimaire, an IV, réquisition de 10 milliers de foin et autant de paille à transporter au magasin du citoyen Cosmao, à Ville-sur-Aulne, avant la fin du mois.

Le 14 Nivose, comme si les cultivateurs n'avaient pas autre chose à faire, réquisition de trois charrettes « bien attelées », pour transporter du grain de Ville-sur-Aulne à Châteauneuf, ce qui faisait un voyage de 80 kilomètres entre l'aller et le retour.

CHAPITRE XIII

Garde-nationale de Saint-Nic. — Secours aux parents des défenseurs de la Patrie. — Distribution de savon ! — Nomination d'un instituteur et d'une institutrice. — Logement pour le vicaire.—Election du premier ministre du culte.

Le Conseil général s'était réuni le 23 Fructidor, an III, comme il s'était assemblé cinq ans plus tôt dans une chapelle de Plomodiern, pour former la garde-nationale de la commune de Saint-Nic. C'est encore par élection que se firent les nominations des officiers, sous-officiers et caporaux des deux compagnies de grenadiers et de chasseurs.

Yves Le Breton, de Brénalen, fut élu capitaine des grenadiers ; lieutenant : Hervé Latreille, de Kéréon ; sous - lieutenants : Corentin Le Bris, de Coatérel, et Louis Lastennet, de Lessirguy ; sergents : Guillaume Thomas, du Grand-Launay, et Jacques Le Bideau, de Landévadé ; caporaux : Corentin Larour, du bourg ; Thomas Le Droff, du Petit-Launay ; Louis Le Ménez, de Kerninet, et Nicaise Le Breton, de Brégalor.

Hervé Lastennet, de Gorré-Leuré, fut élu capitaine des chasseurs ; lieutenant : Alain Le Droff, de Lescorvo ; sous-lieutenants : Hervé Guéguéniat, de Penanvoez, et Jean Larour (fils), du manoir Guermeur ; sergents : Yves Guéguéniat, de Porz-ar-Born, et Jacques

Piclet, de Ruyen ; caporaux : Corentin Le Roy, de Pen-ar-C'hréac'h ; Hervé Gallou, de Brénalen ; Guillaume Didailler, de Lessirguy, et Yves Moré, de Porz-an Dour.

On n'oubliait pas tout à fait les « défenseurs de la Patrie », non plus que leurs parents et les patriotes indigents. Le 23 Fructidor, an III, le citoyen Tanguy Gonidec, membre du Directoire du District de Ville-sur-Aulne, se présenta devant la municipalité de Saint-Nic et lui tint ce langage : « Je requiers la municipalité de Saint-Nic de parachever incessamment, et rendre de jour à autre au directoire du district les rolles et tableaux des vieillards, cultivateurs indigents et infirmes, des patriotes indigents ainsi que des parents des défenseurs de la patrie qui ont droit aux secours. Faute de quoi, demeurent les officiers municipaux personnellement et solidairement responsables de tout retard, conformément aux lois. »

Point pressés, les municipaux attendent le six Vendémiaire, an IV, pour délibérer « sur le réquisitoire du citoyen Gonidec » et arrêtent d'établir le décadi 10 Vendémiaire, la liste des parents des défenseurs de la Patrie ayant droit au secours. Seuls, ceux-ci sont appelés à se présenter à la maison commune, ce jour-là, à 8 heures du matin. Il n'est plus question de vieillards, ni de cultivateurs infirmes, ni de patriotes indigents.

Le 18 Brumaire, enfin, le Conseil général de Saint-Nic nomme deux de ses membres pour aller à la caisse du District toucher 364 livres, qui seront distribuées aux parents indigents des soldats. Qu'on ne se méprenne pas sur la valeur de cette somme en assignats.

Le 29 Floréal, an IV, sont convoqués à la maison commune tous ceux qui ont droit à des secours. Ils sont au nombre de seize. Des distributeurs sont nommés, qui ne distribuent rien pour le moment... Le 26 Prairial, le Conseil municipal certifie que tous ceux qui sont portés sur la liste des parents des défenseurs de la Patrie sont indigents et qu'ils ont besoin de secours. Un mois s'écoule encore. Et enfin, le 23 Messidor, 1.010 livres 2 sols 3 deniers sont distribués aux parents des soldats. C'est une aumône insignifiante, car à cette époque 1.000 livres de papier-monnaie ne valait pas plus d'un louis d'or...

Si les campagnes souffrirent moins de la disette que les villes, elles manquèrent cependant d'une foule de denrées dites de première nécessité. Le 3 Floréal, il y eut à Saint-Nic une distribution de savon, que présidèrent les officiers municipaux. Le savon, en effet, était devenu très rare. Par le fait même, il se vendait très cher : 41 francs le morceau, au lieu de 18 sous ! Et les autres denrées montaient de même, à mesure qu'elles se faisaient plus rares et qu'augmentait la circulation fiduciaire.

Avant la Révolution, c'est le clergé paroissial qui assumait l'instruction du peuple. Mais les écoles presbytérales disparurent dans la Tourmente révolutionnaire, et pendant plusieurs années, les petits Saint-Nicais ne reçurent aucun enseignement.

Enfin, le 6 Messidor, an II (1794), Jean Bon Saint André nomma un « instituteur de la langue française en cette commune ». Ce fut le citoyen Guillaume Le Droff, de Lessirguy. Déjà cultivateur et secrétaire-greffier, il assuma cette nouvelle charge que lui valurent, paraît-il, sa science et ses sentiments patriotiques, et aussi la bienveillance de la Société populaire de Ville-sur-Aulne. Voici, d'ailleurs, le décret de nomination :

« Au nom du peuple français. Liberté, Egalité, Fraternité. Le représentant du peuple dans le département maritime de la République, sur la présentation qui lui a été faite par la société populaire de Ville-sur-Aulne du citoyen Guillaume Le Droff pour être nommé instituteur de la langue française dans la commune de Saint-Nic aux termes de la loi du 24 pluviose dernier, et sur le témoignage que le dit citoyen réunit les connaissances et le patriotisme requis,

arrête qu'il est nommé instituteur de la commune de Saint-Nic et qu'il jouira des appointements attachés à cette place, moyennant qu'il en remplisse exactement les devoirs ;

et la municipalité de Saint-Nic devra procéder à son installation... »

Ce qui fut fait. Et le citoyen Guillaume Le Droff prononça d'une voix ferme le serment demandé à tous les Français : « *Je jure de maintenir l'Egalité, la Liberté, l'Unité et l'Indissolubilité de la République ou de mourir à mon poste...* » N'allez pas croire que ce brave homme tînt à mourir à son poste. Mais, puisqu'on lui demandait de jurer, il jura tout ce qu'on voulut.

De fait, il n'y mourut pas. On ne lui en laissa pas le temps, car moins d'un an plus tard, le 16 Floréal an III, la municipalité procéda à l'installation d'un autre instituteur et d'une institutrice : « Le seize floréal, an troisième de la République une et indivisible a comparu Jean-Vincent-Guillaume Demos (!) lequel a déposé sur le bureau une commission d'instituteur de la commune de Saint-Nic qui lui a été accordée par le Directoire du District de Chateaulin le 8 pluviose dernier sur la présentation du jury d'instruction de ce District et une autre commission d'institutrice accordée à Marie Louise Largenton sa femme... »

Entre temps, le citoyen Guénolé L'Helgoualch, vicaire de Saint-Nic, cherchait un logement et n'en trouvait pas, le presbytère étant confisqué et sur le point d'être vendu. Il alla porter ses plaintes à la municipalité et « le conseil assemblée ont conclue entr'eux vu que le citoyen Guénolé L'Helgoualch nostre vicaire n'a pas d'aplasement pour se logée, le conseil ont arretté et arrait qu'on lui fournira un maison bon pour se logée et payé au frais de la commune... » On n'est pas plus aimable...

Cela se passait le 29 Nivose de l'an III. Or, le 17 Ventose, le vicaire se trouve toujours sans maison. Il se plaint de nouveau. Et « vu que le citoyen Helgoualch nostre curée est sans laugement, l'ageant national entendus le conseil ont arrettée et arrette d'attorisée le citoyen Helgoualch nostre curée de jouire du presbytère et dépandance jusqu'à nouvelle ordre... »

Il n'en put jouir que pendant quelques mois, car le presbytère et sa ferme fut vendus le 4 Vendémiaire de l'an IV.

Outre Guénolé L'Helgouach, un autre prêtre exerçait le ministère à Saint-Nic. C'était Hervé Calvez, de Penanvoez, qui avait été pendant quelque temps curé constitutionnel de la paroisse de Meilars. Ils comparaissent tous deux devant les officiers municipaux, le 28 Thermidor an III, et déclarent « qu'ils se proposent d'exercer le ministère d'un culte connu sous la dénomination d'un culte catholique, dans l'étendue de cette commune, et ont requis qu'il leur soit décerné acte de leur soumission aux lois de la République, de laquelle déclaration il leur a été décerné acte conformément à la loi du onze Prairial de l'an troisième ».

Le libre exercice de tous les cultes avait été proclamé le 21 Février 1795, et la loi du 17 Vendémiaire an IV invitait les habitants de chaque paroisse à déclarer quel culte ils voulaient professer. La municipalité de Saint-Nic en profita pour faire d'une pierre deux coups et, le 26 Vendémiaire, elle fit élire le premier ministre du culte catholique. Il y avait deux candidats : Guénolé L'Helgouach et Hervé Calvez. Puisqu'il n'y avait pas de recteur, il fallait bien que l'un d'entre eux le devienne.

« Nous avons mis au sufrage pour savoir lequelle des deux citoyens Calvez et Lelgouach auroit eu la préférence pour être considéré comme le premier ministre du culte catholique qui est celuy que toute la commune professe. Après que toute la commune a passé au scrutin, nous, officiers municipaux, avons trouver que le dit Calvez a réunis tous les sufrage. En conséquence nous le considéront comme premiers ministre de notre culte.... »

Un mois plus tard, l'élu fit devant le Conseil municipal la déclaration suivante :

« *Je reconnois que l'université des citoyens français est le souverein et je promets soumissions et obéissence aux lois de la République.* »

Chapitre XIV

Troupes à la Lieue de Grève.
La peur de l'Anglais.— Hébergement des soldats.
Patrouilles.

Pendant des années encore, la population de Saint-Nic connaîtra les réquisitions, sous une forme ou sous une autre. Le 28 Frimaire an IV, Guillaume Le Droff, devenu agent national, en remplacement de Hervé Latreille, et « membre de l'administration municipale du canton de Plomodiern », est tenu de faire exécuter la loi du 7 Thermidor, qui établit une contribution personnelle et une taxe somptuaire. Mais « n'ayant point les coinoisence nécésaire pour l'exécution de cette loi, je me suis arretté, dit-il, à nommer des commissaire dans chaque section de cette commune pour me rendre un état de toute les contribuables... »

A partir de l'an IV, les Saint-Nicais subissent un genre de réquisition qu'ils ignoraient jusqu'ici : l'hospitalité à donner aux soldats qui surveillent la côte. La France était en guerre contre l'Angleterre et l'on craignait un débarquement de troupes anglaises sur nos côtes. Cette crainte n'était d'ailleurs pas vaine, puisqu'un essai de débarquement avait eu lieu à Saint-Cast, sur la côte Nord de la Bretagne.

Dès les premiers bruits de guerre, en 1792, les habitants de Saint-Nic demandaient déjà naïvement au Directoire du District « des éclaircissements sur les Anglais », ce qui suppose une certaine émotion.

Jusqu'à l'an IV, cependant, la surveillance et la défense n'avaient été assurées que par une demi-douzaine de douaniers. Mais le 14 Pluviose de l'an IV, « un poste de correspondance » est établi à la Lieuc-de-Grève. C'est par là, nous l'avons dit, que passait la grande route de Brest à Quimper. A partir de ce moment, les courriers de Brest et de Quimper se croisent à Pentrez, à l'extrémité de la Grève, et là quelques soldats font un triage sommaire de la correspondance. Un sergent et cinq volontaires du régiment d'infanterie de marine, cantonné à Crozon, remplissent cet office. Le sergent a eu soin de passer à la « maison municipale demander un local pour loger son détachement à portée de la Lieu-de-Grève enfin (*sic*) de remplir plus exactement l'objet de service ».

Le sergent, chef du poste, devra noter l'heure de l'arrivée et du départ des estafettes de Lanvéoc et de Locronan. Il signalera celle qui n'aura pas fait la route dans le laps de temps jugé suffisant. De plus, il sera responsable des cinq volontaires qui sont sous ses ordres. Il fera des appels quotidiens et veillera bien à ce qu'il y ait au poste le nombre d'hommes requis à l'arrivée et au départ de la correspondance. Ceux qui refuseront de marcher ou manqueront au service commandé par le chef seront reconduits à Crozon et punis militairement, suivant la gravité des cas.

Dans les circonstances difficiles, le chef du poste fera appel à l'administration de la commune, qui devra faire son possible pour lever les difficultés qui pourraient contrarier le service.

Mais il faut ravitailler ces soldats, ou du moins leur donner les moyens de se ravitailler. L'agent national donne ordre à Guillaume Castric, de Kerninet, de se mettre lui-même et de mettre sa monture à la disposition du détachement pour le transport des vivres. Dans ce but, il devra tous les trois jours se rendre à Pentrez, dès 7 heures du matin.

Quant au logement, Guillaume Le Droff, agent national, y a pourvu. Il décide de prendre chez lui, à Lessirguy, deux des volontaires, et impose à ses voisins, Louis Lastennet et Guillaume Lezenven, de loger les quatre autres pendant huit jours.

Lessirguy n'est pas précisément « à portée de la Lieue-de-Grève ». Voilà pourquoi, sans doute, quatre jours plus tard, l'agent national requiert Hervé Latreille, de Keréon, de loger deux des militaires ; Jacques Paul, de Pentrez, logera le sergent, chef du détachement, et un volontaire, et Marie Broennec, veuve de Jean Le Roux, de Porzmoro, en hébergera deux autres, cela pendant un mois à partir du mercredi 21 Pluviose. Ils ne fourniront pas seulement le logement, mais encore « une place à feu, la chandelle, les légumes et du sel pour faire la soupe !... »

La relève a lieu le 21 Ventose. Le sergent et les cinq soldats de l'infanterie de marine sont remplacés par un sergent et quatre canonniers de la première compagnie d'artillerie de la Seine-Inférieure. « Le sergent de la marine remettra la consigne et donnera tous les éclaircissements du service du poste qu'il quitte au sergent de la Seine-Inférieure qui relève... »

Les relèves se succèdent ainsi, de mois en mois, pendant longtemps, et les soldats continuent à loger chez l'habitant.

A partir de Pluviose an VII (1799), les postes sont renforcés et la surveillance de la côte devient plus active. Le 27 Pluviose, un caporal et onze chasseurs reçoivent l'ordre de se rendre avec armes et bagages à Cameros « pour y faire le service jour et nuit ». Et l'agent national de Saint-Nic doit s'occuper de leur fournir le logement, dans les fermes environnantes.

Le 4 Germinal, le détachement est de 18 hommes, et le commandant du cantonnement de Pentrez écrit à l'agent national : « Je vous requiert de faire fournir le logement pour 18 hommes dans les maisons les plus proches de la grève de votre commune, et tout de suite, et le tout sous votre responsabilité personnelle. J'espère de votre zèle, sur l'ordre du général que je vous envoie..., etc... »

Vers la même époque, des colonnes mobiles passaient fréquemment dans le pays. Dans un *Compte général de la situation morale et politique du canton de Plomodiern* du 1ᵉʳ au 25 Messidor an VII, on lit (1) : « Une colonne mobile a passé dernièrement. Elle s'est bien conduite ». Mais on ajoute qu'une maison de détention serait nécessaire. Dans le *Compte général de la situation* du mois suivant on dit : « On n'a eu jusqu'ici qu'à se louer de la conduite des colonnes mobiles qui ont circulé dans le canton ».

Ces documents donnent toutes sortes de renseignements. Celui de Messidor an VII dit : « La bonté de l'esprit public résulte dans ce canton de ce que chacun y est réellement attaché à l'ordre de choses établi, c'est-à-dire à la Constitution et aux lois, et que personnes n'y voudraient y voir porter atteinte. Les derniers évènements de Paris, les revers momentanés de nos armées commençaient à donner des inquiétudes ; quand la cause en a été connue, toutes les inquiétudes ont cessé.

» L'instruction publique est nulle ici. Quimper est la commune où l'on fait instruire les enfants surtout pour le français.

» Le canton continue à jouir de la plus parfaite tranquillité. Cet ordre est particulièrement dû à l'ab-

______

(1) Archives départ.

sence des ci-devant prêtres réfractaires. Personne ne les souffre, ils n'y sont pas seulement haïs, mais généralement voués à l'exécration publique.

» Point de sonneries de cloches, depuis longtemps. Rien de relatif au culte ne transpire hors des édifices destinés à son exercice.

» L'agriculture ne présente aucun changement utile. La récolte prochaine ne paraît pas devoir être mauvaise. »

Les renseignements que fournit le *Compte général* du mois suivant sont à peu près les mêmes :

« L'esprit public continue à être bon. Les derniers événemens politiques et militaires ne l'ont nullement altéré, témoin l'empressement des citoyens à acquérir des biens nationaux.

» L'instruction publique est radicalement nulle.

» La tranquillité publique n'a jamais été troublée dans ce canton. La sécurité y est parfaite. Point de turbulent politique. Aucun émigré, réfractaire ou déporté n'existe dans ce canton.

» Les lois de la police des cultes sont exécutées rigoureusement. Depuis longtemps les cloches ne se font plus entendre, et tout ce qui est relatif au culte se renferme strictement dans l'intérieur des édifices.

» L'agriculture continue sur le pied antique. Le froment est bon, mais renfermant beaucoup de carie. Le seigle est bon, l'orge médiocre, l'avoine mauvaise. Le blé noir vient d'être extrêmement battu par une tempête qui l'a brûlé en grande partie... » (1.)

Pendant tout ce temps-là, les détachements de soldats se succédaient à la Lieue-de-Grève. Le 26 Nivose an VIII, il est ordonné à un lieutenant de s'y rendre avec douze hommes, dont un sergent et deux caporaux.

Deux mois plus tard, on recommande au chef de

---

(1) Archives départ.

« surveiller particulièrement le service des ordonnances et les étrangers dont il vérifiera les passeports ».

Toutes ces allées et venues de troupes causaient, à coup sûr, de l'émotion dans le pays. L'Anglais était l'ennemi héréditaire, l'ennemi de toujours. On en parlait aux veillées, comme d'un être terrible et cruel. Personne à Saint-Nic n'ignorait qu'il était déjà venu autrefois. Là-bas, sur la frontière d'Argol, n'y avait-il pas un lieu, *Toul-Koad-Anken*, le *Trou du Bois de l'Angoisse*, pour en garder encore le souvenir ? *Ar Saozon* s'étaient arrêtés là. Ne reviendraient-ils pas bientôt ? Les Saint-Nicais en avaient bien peur, puisque déjà, en 1792, ils demandaient des renseignements sur eux. Et les patrouilles incessantes de nos soldats n'étaient pas faites pour diminuer leurs craintes.

Les Anglais revinrent en effet, mais pas comme se les représentait l'imagination populaire. Ceux que virent nos grands-pères étaient des prisonniers, pris sur quelque navire, et on les conduisait de Crozon à Locronan. Quelques cultivateurs des environs de Pentrez furent invités à fournir huit chevaux bâtés, pour le transport de ces prisonniers anglais de Pentrez à Locronan.

A partir du 1ᵉʳ Germinal de l'an VIII, la surveillance se fit encore plus étroite et plus assidue. Un renfort de 11 chasseurs et deux caporaux vint cantonner à Pentrez. Le rivage était bien gardé. De jour, si l'ennemi survenait on le verrait de loin. Mais la nuit c'était plus dangereux. Il pouvait facilement, à l'improviste, débarquer dans quelque crique, sans être vu. C'est pourquoi, il était bien recommandé à l'officier commandant le détachement, de surveiller strictement cette partie de la côte, tout particulièrement la nuit, et à cet effet, de faire faire de fréquentes patrouilles.

Peu après, les onze chasseurs furent relevés par un

détachement de 20 soldats qui, avec armes et bagages, devaient rester cantonnés à la Lieue-de-Grève jusqu'à nouvel ordre.

Il faut croire que la population eut parfois à se plaindre de ces bandes peu disciplinées, car le 12 Floréal, le commandant reçut l'ordre de tenir sa troupe en bonne discipline militaire et de faire respecter les personnes et les propriétés.

Pendant les dernières années de la Révolution, à part les réquisitions nécessaires pour le transport ou l'approvisionnement des troupes de la côte, les cultivateurs furent laissés à peu près tranquilles. Quelquefois, cependant, ils se voyaient réquisitionner fourrages et avoine, pour le camp de Quélern, et ils étaient obligés de les livrer à très bas prix : 7 francs 70 centimes le quintal d'avoine, 18 francs le millier de paille le 23 Fructidor de l'an VIII.

Le conseil municipal avait eu pour mission, tout au long de la Révolution, de désigner les hommes soumis au recrutement de l'Armée. Il continue cet office jusqu'en 1803. Le 5 Thermidor de cette année, il désigne 15 jeunes gens pour devenir canonniers garde-côtes : Guilaume Le Droff, Jean Le Quéré, Mathieu Bideau, Jean Queffélec, Pierre Thomas, Hervé Parcheminou, Jean Moulinec, Alain Lagadec, Germain Ménez, Nicaise Le Roy, Thomas Mignon, Corentin Péton, Hervé Caradec, Jean Gourlay et Joseph Bauguion.

Le lendemain, il s'aperçoit que Jean Quéré et Thomas Mignon n'ont pas l'âge requis. Pour les remplacer, il désigne Jean Le Droff, de Saint-Côme, et Thomas Moguen, de Kerninet.

La Révolution est finie. Mais son œuvre demeure en partie, ses ruines aussi. Et de nombreuses années s'écouleront avant que ne soit relevé ce qu'elle a détruit...

Chapitre XV

Presbytère. — Ecoles. — Eglise et chapelles.

Au lendemain de la Révolution, la question du presbytère se posa plus pressante que jamais. Pour Hervé Calvez, élu Recteur en 1795, elle ne se posait pas puisqu'il était de Penanvoez et qu'il y habitait, mais elle se posa pour ses successeurs.

Après le Concordat de 1802, le Conseil municipal, en vertu d'un arrêté préfectoral, fut obligé de fournir au Recteur un presbytère et un jardin. Il décida de louer à cet effet le pavillon et le jardin du manoir de Brénalen, avec l'agrément de Pierre Larour, propriétaire, pour la somme de 60 francs par an. Mais ce n'était que provisoire, car c'est le manoir lui-même que le Conseil destinait à devenir maison presbytérale. En attendant qu'il fût statué à ce sujet, une somme de 135 francs fut allouée au Recteur, pour indemnité de logement. (25 Frimaire an XI.)

En 1804, le Recteur était M. Guillaume L'Haridon, né à Douarnenez, le 4 Mars 1739, ordonné prêtre en Septembre 1763. Il avait été Recteur constitutionnel de Scaër, avant de devenir Recteur de Saint-Nic. Dès son arrivée, il fut déconcerté en voyant l'état lamentable de l'église. Le 4 Janvier 1804, il écrit : « Nommé par Monsieur l'Evêque à la desserte de Saint-Nic, je me suis transporté samedi dernier dans cette commune et ay chanté la messe le dimanche. J'ay vu avec peine l'état misérable de cette église où on m'a présenté pour le service divin un calice, si on peut appeller de ce nom un vase d'étain ou de composition avec la patenne qui n'ont jamais été consacrés. Je dois le croire en ce que ni l'un ni l'autre n'étoit sur doré en dedans. Le verd de gris couvroit le purificatoire dont je me suis servi pour le netoyer. Le ciboire jetté négligeament dans une vieille armoire de la sacristie renfermoit une grande quantité d'hosties consacrées qui n'avoient pas été renouvellées depuis Pâque. J'ay pris sur moi de les consommer avec les parcelles beaucoup plus anciennes qui étoient déjà corrompues, affin de consacrer de nouvelles espèces. La petite custode trouvée dans le même endroit contenoit aussi deux hosties de même dâte. Il n'y a point d'autre calice dans cette église, les autres ayant été volés, ainsi que celui de Saint-Cosme, chapelle de cette commune. Vous savez sans doute la mort et le genre de mort par ou a fini le dernier desservant de cette église. C'est cet homme que je suis destiné à remplacer, si ma maladie me permet d'y retourner. Dimanche malgré le mauvais temps je me transportai avec le Conseil de la commune pour chercher un lieu où pouvoir me loger. Celui qu'on me proposa, outre sa grande distance du bourg, n'est assurément pas logeable sans de grandes réparations. Quand se feront-elles ? Je l'ignore. Et où me retirer, où loger mes meubles jusqu'à ce moment ? Comment les y transporter ? Le chemin de Douarnenez à la Lieue-de-Grève est impraticable. J'ay proposé à l'acquéreur du presbytère de me prendre en pension à quelque prix que ce soit. C'est mon unique ressource, quelque désagrément que j'y entrevoye d'ailleurs... » (1.)

Et il continue en demandant qu'on le nomme plutôt simple vicaire à Douarnenez.

Le 17 Mars, il écrit : « Je me suis rendu à mon poste, comme je l'avois promis. Mais de grâce retirez-moi d'ici le plus tôt possible. J'y éprouve des désagrémens incalculables. En voulant parer à de facheux inconvenians, je suis tombé dans d'autres encore pires. Que mon âge et les malheurs de ma famille puissent toucher votre sensibilité. M. *Porlodec*, mon neveu, cherche à me remplacer. J'y consens de bon cœur. Rapprochez-moi de mes pénates. Ottez-moi de cette terre maudite. J'y donnerai la Pâque puisque j'y suis, mais au moins que j'aye l'espérance d'en être sorti avant la Pentecôte. Je me suis mis en pension et cette pension va me ruiner pour des raisons dont je dois vous taire le détail. On a surpris ma bonne foie pour n'avoir pas expliqué clairement les conditions. Ah ! de grâce, Monsieur, sortez-moi de cet embarras. Le chagrin me ronge, ma santé s'affaiblit, mes jambes commencent à enfler, je me vois périr sans ressource. Que je puisse au moins mourir ailleurs. J'ai pris ce lieu en horreur... » (2.)

Il s'en alla à la fin de cette année et il ne fut pas remplacé. L'année suivante, le maire et les habitants de Saint-Nic adressèrent cette pétition à « Monsieur l'Evêque du département du Finistère (3).

« Monsieur,

» Votre arivés si avantageuse dans ce département nous rapele un devoir sacré que nous avons a remplire auprès de vous ; depuis neuf mois l'on a enlevé de

---

(1) Arch. de l'Evêché.
(2) *Ibid.*
(3) *Ibid.*

notre commune le ministre qui exerçait au milieu de nous le culte catholique, et qui y a entretenu cette Esprit d'union qui à toujour distinguée la commune de Saint-Nic ; nous orons lontems a gemir sur la perte de ce respectable Eclésiastique auquel nous voudrions voir nomer un sucesseur qui nous rapeleroit ses vertus et la purté de ses mœurs, qui tiendroit toujour alumé le flambeau de le morale qui éclaire depuis un tems imémorial la paroisse que nous habitons ;

» l'homme que nous croyons propre a réaliser et même à surpaser notre espérance, nous osons vous l'indiquer et le demander de votre bienveillance, si vous le jugés convenable ; *Monsieur Pallut*, ancien desservant de Guengat actuellement receveur des contributions de la ditte paroisse. Ce vénérable prestre operera dans ce pay le bonheur et la prospérité de ses habitans, le sort que nous lui reservons sera digne de son meritte et de sa moralité ;

» Enfin en nous acordans un prestre vous orés mis le comble à nos désire, la reconnaissance que nous vous en garderons sera eternelle, nous orons a rendre au gouvernement des action de grace de nous avoir rendu le libre exercice du Culte de nos pères et a vous de nous avoir donné un homme qui en nous enseignant l'evangile nous en fera sentir et apprésier la pureté ;

» quant au logement nous avons designé le cidevant manoir de Brenalen très à portés de l'Eglise et beaucoup plus etendu que ce qui est prescrit par l'arreté a ce sujet. Quelque petite reparations y manque, mais ositos que nous orons un prestre nous les ferons faire vu qu'il presidera au ditte reparations en les fesans faire pour sa plus grande comodité... » *(Sic.)*

C'est M. François Martin qui fut nommé en 1806. Né à Plonéour-Ménez, il avait été ordonné par Expilly, en 1792, et nommé Recteur de Garlan. Il y fut maintenu après le Concordat, et c'est de là qu'il vint à Saint-Nic. En 1814, il écrivait : « Mon église d'ici long-tems ne pourra sortir de son état minable. Ce n'est pas ma faute, mais faute d'argent, n'ayant qu'avec peine de quoi faire l'office divin avec décence » (1). Il réussit cependant à refaire la toiture de l'église paroissiale, à la lambrisser, la peindre et la paver.

Pendant quelque temps, il dut desservir plusieurs paroisses à la fois. « Ce sera toujours pour moi, dit-il, une douce satisfaction de donner, selon mes petits moyens, des secours spirituels aux paroisses circonvoisines de la mienne... Mais *ad impossibilia nemo tenetur*. Argol, Telgruc, Landévennec, Trégarvan se trouvent, par l'absence de M. Moreau, dépourvues de tous secours spirituels. Comme le plus proche voisin, on m'appelle presque toujours, et les raisons que j'ai citées et la crainte de la perte des âmes de ces bonnes gens, m'ont excité jusqu'à présent de voler à leur secours. Mais si cela continue, je vous déclare qu'avec toute la bonne volonté que j'ai de rendre service, je ne puis suffire... » (2)

Jusqu'à l'arrivée de M. Le Pape, en 1837, la paroisse n'eut de recteur que par intermittence, toujours faute de presbytère pour les recevoir. Enfin, le « 30 mai 1837, M. le Maire (qui était alors Jean Horellou, meunier au moulin de Brénalen) rappelle que la commune se trouve privée depuis long tems de desservant, attendu qu'elle n'a pas de logement à lui offrir ; que tel état de choses force les habitants à des déplacements pénibles soit pour assister aux offices divins dans d'autres communes, soit pour chercher des ecclésiastiques quand il s'agit de baptêmes, mariages ou enterremens et que les voix les plus ardentes des

____

(1) Arch. de l'Evêché.
(2) *Ibid.*

familles sont qu'il soit mis un terme à ces inconvénients le plus promptement possible... »

Un champ fut acheté au sieur Baron, du bourg, pour la somme de 900 francs. On y construisit le presbytère, qui, pendant quelques années, servit aussi de mairie et de maison d'école.

On avait mis 42 ans à remplacer l'ancien presbytère vendu.

Restait la question de l'école. La Révolution avait fait le geste de nommer à Saint-Nic un instituteur et une institutrice. Mais ils ne firent que passer, et déjà, à la fin de la Tourmente, il n'y avait plus d'école ni de maîtres. Ici encore, la Révolution avait fait œuvre de mort. Contrairement à ce qu'on répète, les écoles primaires, les petites écoles comme on les appelait, étaient nombreuses sous l'Ancien Régime : de 30.000 à 40.000, d'après Lenôtre. Mais si dans ces écoles, les fils de paysan et d'ouvrier apprenaient à lire, écrire et compter, ils n'y recevaient pas une éducation « vraiment républicaine », selon l'expression d'un certain Bouquier, membre du Comité d'instruction. C'est pourquoi la Révolution les avait supprimées sans les remplacer, annihilant ainsi, en moins de sept ans, l'effort de sept siècles de civilisation. Plus tard, si Napoléon avait réorganisé l'enseignement supérieur et secondaire, il avait fait très peu pour les écoles primaires.

. Et voilà comment Saint - Nic est resté sans école pendant près d'un siècle !

Il en fut pourtant question, bien des fois, au Conseil municipal. Le 18 Août 1833, il dit pompeusement « se réunir pour délibérer sur le moyen à prendre des mesures les plus convenables et intéressantes pour l'humanité ». Entendez plus simplement, pour se procurer un local qui pût servir d'école. Un moment, on pensa à la salle du presbytère. Il fallait faire quelque chose, à moins de laisser les enfants dans cette alternative,

Dolmen du Menez-Hom.

ou rester dans l'ignorance, ou aller à l'école de Plomodiern ou d'Argol. « Or, dit la délibération municipale, il y a une distance d'une lieue et demie de Saint-Nic à Plomodiern. Il y a la même distance de Saint-Nic à Argol, et de plus il faut faire la traversée de fortes montagnes, énormes (*sic*), impraticables... »

Il faut attendre 1859 pour qu'on reparle de l'école. Le Conseil municipal manifesta alors le désir d'agrandir le cimetière et « de faire en même temps une autre dépense non moins urgente, non moins nécessaire, c'est celle d'une maison d'école. Déjà, plusieurs fois, la commune entière a fait connaître son désir d'obtenir ce bienfait, car les familles reconnaissent qu'il est déplorable pour elles de ne pouvoir donner à leurs enfants l'instruction qu'on voit se développer et s'étendre partout ailleurs, et qui aujourd'hui devient en quelque sorte indispensable. La distance qui les sépare des communes où existent des écoles est trop grande pour qu'elles puissent y envoyer leurs enfants ; force leur est donc de les garder dans la plus grande ignorance. Une autre considération, tout à fait exceptionnelle, fait encore sentir le besoin d'un instituteur dans cette commune : c'est le grand nombre d'enfants de l'hospice qui s'y trouvent ; il s'élève à environ cent trente. Le Conseil municipal ne se dissimule pas les dépenses qu'exige l'exécution de sa demande, mais il ne recule point car il est persuadé que la commune s'imposera tous les sacrifices nécessaires, elle reconnaît qu'ils ne seront pas faits en vain.

« Le Conseil, après avoir mûrement réfléchi, propose d'acheter le courtil attenant au cimetière *(Al Liorz-Men)* et appartenant au sieur Jean Larour, du bourg, lequel courtil servira pour l'agrandissement du cimetière et pour la construction de la maison d'école... »

Ce projet ne fut pas réalisé. Les ressources manquaient. Il y avait eu déjà une petite école, à Brénalen, lorsque s'y trouvait le Recteur de la paroisse. En 1863, le propriétaire offre le même local pour qu'y soit établie l'école. Le Conseil accepte, mais demande à l' « administration » de venir à son aide pour fournir le mobilier et payer l'institutrice. Ce qui fut accordé, ce semble. En tout cas, en 1865, il y avait une école de filles et une institutrice. Le Conseil vote pour celle-ci une somme de 60 francs comme « encouragement ».

Mais les garçons croupissaient toujours dans l'ignorance. Pour y remédier, en 1873, le Conseil municipal demanda au préfet de « vouloir bien lui accorder une école mixte tenue par deux religieuses, une pour la classe des garçons, l'autre pour la classe des filles ». Ce qui fut accordé. Et après diverses tergiversations, une école fut construite au bourg de Saint-Nic. Elle s'ouvrit le 6 Octobre 1874, sous la direction de Gabrielle Castel, religieuse du Saint-Esprit.

C'est ainsi que lentement, péniblement, furent réparées quelques-unes des ruines accumulées par la Révolution. Toutes ne furent pas relevées. Il y a des ruines irréparables.

Le Concordat avait consacré le vol légal des biens d'Eglise vendus comme biens nationaux. Ceux qui avaient échappé à la vente furent vendus plus tard.

Quant à l'église paroissiale et aux chapelles, elles étaient dans un état de délabrement tel, qu'en 1807, il fut question de vendre les deux chapelles de Saint-Jean et de Notre-Dame de la Chapelle-Neuve et d'en retirer des matériaux pour réparer l'église paroissiale et la chapelle de Saint-Côme. La chapelle de Saint-Jean fut heureusement épargnée, mais la Chapelle-Neuve disparut. Seule, la statue de Notre Dame fut sauvée. Saint-Jean lui donna asile et on peut la voir encore aujourd'hui dans cette chapelle, au-dessus de l'autel latéral, du côté de l'Evangile.

MONUMENTS RELIGIEUX

Eglise paroissiale

C'est une jolie église gothique du milieu du XVIᵉ siècle. Placée parmi des tombes sans alignement, la plupart humbles et modestes, entourée de grands arbres, ifs, ormes, frênes et cyprès, il faut la regarder de l'entrée du cimetière pour en saisir tout le pittoresque. C'est bien l'église de campagne, telle que la veulent les peintres et les poètes, belle sans éclat, vieille et moussue, mais coquette quand même.

Le clocher, de type cornouaillais, à flèche octogonale effilée surplombant quatre fenêtres à gâble très aigu et à meneaux en Y que séparent l'une de l'autre quatre fléchettes, est de 1540.

Le portail latéral, aux moulures vigoureuses, très élégant avec son gâble à crossettes couronné d'un fleuron, est orné de quatre lions, deux de chaque côté, les gueules menaçantes. Ceux du bas tiennent entre leurs dents la chevelure d'une tête humaine qu'ils enserrent de leurs pattes de devant. A l'intérieur du porche, il y a douze niches qui furent faites, sans doute, pour recevoir les statues des douze Apôtres, mais qui sont toujours demeurées vides. Sous l'une d'entre elles, on lit la date 1620. La porte de l'église est dominée par trois statues en bois : au milieu, Saint Roch montrant son genou ; à ses pieds, un petit ange porte une boîte ; à gauche, Sainte Catherine, appuyée sur sa roue ; à droite, Sainte Marie-Madeleine tenant un vase de parfums, de la forme d'un calice. Au-dessous de ces statues, la date: L: M: V^{cc}: LXI (1561). Les sablières sont décorées de gueules monstrueuses, de chimères et de quelques figures grotesques.

La date 1614 se lit sur un vieux cadran solaire, à l'extérieur du porche.

A gauche du porche existe un petit ossuaire à trois arcades pratiquées dans un pignon : au-dessus, dans le mur, il y a deux niches pour crânes, et au-dessus encore, une autre niche décorée d'une petite arcade, sans doute préparée pour servir à l'occasion de reliquaire au chef de quelque notable personnage.

A l'intérieur, il y a deux beaux vitraux du XVIe siècle, un à chaque extrémité du transept. Les fenêtres n'ont pas de meneaux de pierre, mais des armatures de fer. Le vitrail du côté Nord représente la Passion. Il possède sept panneaux :

1. *Baiser de Judas.* — Autour de Jésus, vu de face et auréolé d'un nimbe blanc et or, des soldats casqués se pressent. Des poings, des bâtons, des piques se lèvent au-dessus du Sauveur qui demeure impassible et a l'air infiniment doux. Tous les soldats, la figure méchante, semblent hurler.

2. *Jésus devant Caïphe.* — Jésus, les poignets liés, se tient debout devant le grand-prêtre qui le fixe obstinément et semble lui faire quelque démonstration subtile. Jésus soutient son regard avec indifférence. Derrière eux, les membres du Sanhédrin, puis des soldats armés. Les gestes de tous ces personnages sont curieux.

3. *Jésus devant Pilate.* — Celui-ci se lave les mains. Par un léger anachronisme, Notre Seigneur est déjà représenté couronné d'épines. Il a les bras et les mains liés. Un soldat casqué et cuirassé, à l'air féroce, le pousse devant Pilate. Derrière, d'autres soldats, et des mains levées. Un personnage, la tête renversée, regarde le ciel comme pour dire : « *Que son sang retombe sur nous et sur nos enfants.* » Un soldat hurle. Tous les visages sont singulièrement expressifs.

4. *Flagellation.* — Jésus nu est attaché à une colonne entre deux valets qui le frappent. Tous deux ont des traits grimaçants et haineux. Jésus a les yeux baissés, les cheveux en désordre, la figure souffrante.

5. *Jésus outragé et couronné d'épines.* — Jésus est assis, bras croisés, poignets et bras liés. La couronne est dorée. Deux valets brandissent des bâtons au-dessus de sa tête. Un troisième valet présente à Jésus un roseau vert en guise de sceptre. Il s'agenouille devant lui pour le saluer : « *Salut roi des Juifs* », tandis que de la main gauche il fait un geste d'une insolence extraordinaire. Les traits fortement dessinés, nez aplati, lèvres épaisses et sensuelles, ce valet semble particulièrement féroce, avec quelque chose de bestial dans le visage. Jésus, les yeux baissés, reste impassible.

Ce panneau et le panneau précédent ont été en partie refaits en 1929. Ce qui dépasse l'armature de fer ne date que de cette époque. Et cela montre, de façon saisissante, toute la distance qui sépare encore, dans l'art du vitrail, les conceptions modernes de la technique ancienne.

6. *Crucifiement.* — Jésus est attaché à la croix, entre les deux larrons. Ceux-ci sont liés par des cordes, sur des croix en T, au lieu d'être cloués comme

Jésus. Dans le nimbe doré qui entoure la tête du Christ, il y a trois fleurs de lis à peine visibles à l'œil nu. Au pied de la croix, on voit la Sainte Vierge debout, mais inclinée et soutenue par Saint Jean. Marie-Madeleine, longs cheveux blonds en désordre, est accroupie au pied de la croix qu'elle tient embrassée. De chaque côté, dans les petits panneaux, il y a un ange à genoux, adorant le Christ.

7. *Descente au tombeau.* — Deux saintes femmes pleurent. Les physionomies de tous les personnages sont très douloureuses.

Le vitrail Sud représente le Jugement dernier : anges sonnant de la trompette, trépassés ressuscitant, démons d'un réalisme tout moyenâgeux. Parmi ces sujets assez brouillés, quelques scènes de martyre. Au milieu du vitrail, un prêtre ou un prélat à genoux, assisté d'un ange, lit dans un livre. C'est peut-être le portrait du donateur. A côté de lui, il y a un écusson illisible.

La grande fenêtre du chevet est fort belle, avec son tympan flamboyant. Mais le vitrail est sans valeur.

Quelques débris de verre peint, subsistant dans les tympans d'autres fenêtres, indiquent que toutes eurent autrefois des vitraux de couleur.

Au-dessus des arcades de la nef et du transept, court une frise faite de motifs de même genre que celle du porche. Elle est aussi parsemée de têtes grimaçantes. Entre deux arcades de la nef, du côté de l'Evangile, on lit :

M : PARLAT : FA : 1566

De chaque côté du maître-autel sont deux statues en bois, l'une de la Sainte Vierge, portant l'Enfant-Jésus, l'autre de Saint Nicaise, patron de l'église. On raconte qu'un jour, un prêtre des environs fut appelé pour prononcer le sermon de circonstance le jour du pardon (2ᵉ dimanche d'Octobre). Or, au lieu d'entamer le panégyrique du Saint, il fit un sermon quelconque. Quand il descendit de chaire et rentra au chœur, la crosse du Saint se détacha et vint lui tomber sur le dos, juste punition et vengeance de Saint Nicaise, mécontent de n'avoir pas même été nommé du haut de la chaire, le jour de son pardon !... Quelques paroissiens, encore en vie, assurent avoir été témoins du fait !...

A l'autel latéral Nord, on voit Sainte Marguerite foulant aux pieds le dragon, et une jolie Sainte Barbe appuyée sur sa tour. Entre les deux, un beau groupe de granit du XVIIᵉ siècle de la Mise au Tombeau, à figures expressives et douloureuses : Saint'Jean, la Sainte Vierge portant Jésus mort sur ses genoux, une autre sainte femme, et Marie-Madeleine avec son vase de parfums.

A l'autel latéral Sud, statue de l'Ange Gardien montrant le ciel à un petit enfant. Une statue d'Apôtre lui fait pendant. Entre les deux, se trouve un retable Renaissance du Rosaire. Autour des statues, les quinze médaillons des mystères.

Sur la chaire, sont sculptés en relief les bustes des quatre Evangélistes.

A la sortie, près du porche, il y a un beau bénitier de marbre qui provient de l'ancienne chapelle du manoir du Leuré, qu'habitaient autrefois la famille de Kerleguy de Poulpatré, puis la famille de Tréanna.

Dans le cimetière, une croix monumentale avec statuettes adossées sur la console. Ce calvaire appartient à un type créé en Bretagne à la fin du XVᵉ ou au commencement du XVIᵉ siècle et reproduit, dans les deux siècles qui suivirent, à des centaines et des centaines d'exemplaires.

Dans le trésor se trouve un joli reliquaire en argent en forme de chapelle gothique avec clocher. Il provient de la chapelle de Saint-Côme et date de 1578. Longueur : 0 m. 18, hauteur totale avec le clocher : 0 m. 36. Poinçon C. B. Sur le toit est cette inscription :

VN : PARTIE : DE LA CORO DE NOTR SIGNVR : VN : PARTI DE : SA ROBA :: VN :: PARTIE :. DE : RELIQVES :: DE ::. SAIN COM : ET DOMIEN :. VN .:. PAR : DE :. RELIQVE DE : SAINT :. PIERE : VN : PARTIE DE RELIQVES : DE : SAINT : MEN : VN :PARTIE : DE : RELIQVES DE MARIA :: MADELEINE : ET : VN PARTIE : DE : SA : ROBA : ITEM : DES : AVTRES : RELIQVES.

Au-dessous, il y a cette inscription :

LE : SENESAL : RECTEVR. ...

Un second reliquaire, plus petit, en forme de châsse, style Louis XIII, mesurant 0 m. 15 de longueur et autant de hauteur. Sous le fond : MESSIRE: CLAVDE: DE : TREANNA : GRAN : ARCHIDIACRE DE : QVIMPER : ET : RECTEVR : DE : St NIC.

Il y a une fontaine gothique à une centaine de mètres plus bas que l'église.

Chapelle de Saint-Côme

Située à un kilomètre environ au Sud du bourg, non loin de la Lieue-de-Grève, cette chapelle est l'une des plus intéressantes du diocèse de Quimper. Elle est dédiée à Saint Côme et Saint Damien. L'édifice actuel, dont les plus vieilles parties remontent au XV° siècle, a dû être bâti après une des épidémies de peste qui firent tant de ravage dans notre pays, au cours des XIV° et XV° siècles, et il est probable que la famille de Rosmadec, dont le château existait non loin de là, en Telgruc, n'a pas été étrangère à sa construction. En effet, on voit le blason de cette famille sur une vieille pierre en granit bleu, accôtée au mur du bas-côté gauche, vers le bas de l'édifice : *palé d'argent et d'azur de six pièces*. Timbrée d'une mitre et d'une crosse qui a sa volute tournée vers la gauche, elle offre, à n'en pas douter, les armoiries de Bertrand de Rosmadec, évêque de Quimper, de 1416 à 1445, qui contribua sans doute à la construction.

Une légende sans fondement veut aussi que la chapelle ait été bâtie par les Anglais. Les matériaux pour la construire seraient venus par mer...

Saint-Côme fut autrefois un lieu de pèlerinage très fréquenté, ce qui explique les belles dimensions de la chapelle, plus grande que l'église paroissiale.

Une petite porte au Sud et certains chapiteaux sont du début du XVI° siècle. Une autre porte, sur la face Ouest du croisillon Sud, a les caractères de vers 1540, avec arc en anse de panier et mouluration prismatique continue. Les remplages sont tous du milieu du xvie siècle. Un très beau clocher à galerie, plus jeune que son entourage, complète l'édifice.

A l'intérieur, cinq travées, un transept et un chœur rectangulaire en légère saillie, nef obscure. Le sol, de simple terre battue, est en légère pente de l'Est à l'Ouest.

Ce qui frappe surtout dans cette chapelle, c'est la voûte de la nef qui est, dans le pays, à peu près unique en son genre. On voit là toute une forêt de poutres sculptées. La charpente apparente est fortifiée par des tirants ou poutres en bois dont les extrémités sont mordues par des gueules monstrueuses. Les chevrons, les contre-fiches, les sablières, les entraits, tout est œuvré avec la plus curieuse fantaisie. Pas un mètre de bois qui ne soit ciselé et fouillé : chimères, monstres, bustes représentant toutes sortes de personnages. On a remarqué que tous ces personnages ont l'air dolents et se tiennent le ventre des deux mains, comme s'ils souffraient de maux d'entrailles. Certains croient qu'à Saint-Côme il y eut autrefois une maladrerie ou léproserie.

Ceux qui ont commandé et exécuté ce travail l'ont signé, car on lit sur les frises du côté gauche :

D'ici : iusques : au : premier : pilier a esté : boisé : aux frais : de : vénérable : personne Mre Guil : Perfézou : rect. de St Nic. 1641.

Une autre inscription au bas de la nef dit :

D'ici : iusques : à l'autre : escriteau : a : été : boisé: par : Alain : Polézec : et : oh *: Guillosou : et : estait : recteur : M^{re} : Guil : Perfézou.*

Sur la boiserie du bas-côté droit : *M. G. Perfézou, R. G. Marzin F. 1661. — Ces : quatre : derniers : piliers : furent. : bastis : 1649, Mre Guill : Perfézou, R^r.*

Sur le mur Nord, à l'intérieur et à l'extérieur :

Al : Roignant : Fab. en charg. 1675.

Le chœur était autrefois couvert d'une charpente encore plus ouvragée que celle de la nef. On a, malheureusement, dû la démolir, il y a une cinquantaine d'années, à cause de son mauvais état. C'est d'autant plus regrettable que des peintures la couvraient, qui représentaient plusieurs scènes de la vie de S. Côme et de S. Damien. Elles portaient la date : 1694.

L'autel principal, très fouillé, possède quelques statuettes en bois finement ouvragées.

Sur le tabernacle de l'autel latéral gauche, on voit un petit écusson aux armes de Tréanna, *d'argent à la macle d'azur.*

Statues. — Les deux frères Côme et Damien, qui étaient médecins de profession et qui furent martyrisés à Eches, en Cilicie, vers la fin du iiie siècle, occupent les côtés du chœur, coiffés tous deux du bonnet de docteur et tenant, l'un une boîte à médicaments, l'autre une fiole à onguent. Au-dessous de chacun, il y a un écusson martelé ; celui qui est sous Saint Damien semble être celui des Hirgarz : *d'or à trois pommes de pin d'azur.*

Du côté de l'Evangile : statues de Sainte Barbe, de la Sainte Vierge avec l'Enfant-Jésus et de Saint Sébastien. Celle de la Sainte Vierge semble être du xve siècle.

Du côté de l'Epître : Pieta extraordinairement douloureuse, Saint Herbot en moine franciscain, Sainte Marguerite.

Certains guides signalent des peintures murales. Elles n'existent plus. Ont disparu également les armoiries des sieurs de Brénalen, du nom de Tyvarlen : *d'azur au château d'or,* qui timbraient encore un vitrail vers 1850.

Ceux qui ont visité la chapelle de Saint-Côme ont dû être intrigués par une faucille — ou plutôt ce qui fut une faucille, car elle est en grande partie rongée par la rouille — suspendue au mur du chœur. En voici l'histoire :

Un jour — il y a de cela bien longtemps, l'état de la faucille le montre — un paysan d'un village de Plomodiern, tout proche de la chapelle, esprit fort ou acharné travailleur, au lieu de venir au pardon de Saint-Côme, s'en alla travailler aux champs. La punition ne tarda guère. Pendant qu'il travaillait, il se fit avec sa faucille une blessure tellement profonde que personne ne put arracher l'instrument de la plaie. Le paysan comprit sa faute et vint au plus vite prier les deux Saints médecins, Côme et Damien, de le prendre en pitié. Dès qu'il se fut agenouillé au pied de leurs statues, la faucille tomba d'elle-même et la blessure guérit aussitôt. Le paysan repentant, plein de reconnaissance, laissa sa faucille à la chapelle comme *ex voto*. Et chacun peut l'y voir encore aujourd'hui.

Devant la chapelle se dresse un petit calvaire mutilé, transporté à cet endroit, il y a quelques années, de derrière le chevet de l'église, où il gênait la circulation. C'est une vieille croix entourée de saints personnages et montée sur une base triangulaire. On reconnaît Saint Pierre tenant une clef, et Saint Côme broyant un remède dans un mortier. Un autre personnage tient une bourse dont il serre le col.

Au pied de la croix est un écusson aux armes de Hirgarz en alliance avec celles d'une autre famille.

A une centaine de mètres de la chapelle coule une jolie fontaine gothique contenant les statues de Saint Côme et de Saint Damien. L'une des statues n'a plus de tête. L'eau de cette fontaine passe pour guérir les maux de tête ; on l'emploie mélangée au suc d'une plante qui fleurit aux abords, en Juillet et Août.

Le pardon a lieu chaque année, le lundi de la Pentecôte, pardon pieux et calme, inconnu des romanichels et des touristes, semblable à ces pardons chers à André Chevrillon. Pour ma part, je ne connais rien de touchant, rien de pittoresque comme la procession de Saint Côme s'avançant après vêpres, face à l'Océan, à travers les jeunes blés verts que fait onduler la brise marine aux senteurs de sel et de varech...

Chapelle de Saint-Jean

Celle-ci est à deux kilomètres du bourg, sur le bord de la route de Crozon. Moins belle que la chapelle de Saint-Côme, la chapelle de Saint-Jean est pourtant loin d'être indifférente.

Elle possède un petit clocher bosselé, de jolies portes gothiques et des fenêtres flamboyantes.

A l'intérieur, les poutres transversales sont tenues comme à Saint-Côme par des gueules de monstres. Une frise sculptée court au haut des murs : plantes, vignes avec feuilles et grappes que picotent des oiseaux, dragons accouplés par une corde au cou, anges aux ailes déployées, sorte d'écusson allongé portant l'emblême des Cinq Plaies : deux mains et deux pieds transpercées et un cœur.

Au carré du transept, aux quatre coins, on voit dans la frise quatre personnages à longue barbe, tenant chacun un livre ouvert. Le premier est assis sur les épaules d'un génie qui lui enserre les jambes ; un

autre sur un génie qui élève les bras pour tenir le
livre comme un lutrin ; un autre est assis sur les
épaules d'un génie affreusement laid ; le dernier, enfin,
au lieu d'un génie, a une colombe à ses genoux.

Quatre petits personnages sont sculptés autour de
la clef de voûte.

Une poutre transversale à gueules porte cette ins
cription :

> M. GVILL : PERFEZOU : REC :
> M. KVAREC : FA : 1653.

Sur la charpente, on lit la date 1873 (réfection).

Au fond de la chapelle, on a déposé les débris de
l'ancien calvaire qui ressemblait à celui du bourg. On
y lit cette inscription :

> M. GVILL. PERFESZOV. RECTER
> E B. POLESEC. F. 1645.

Statues. — A l'autel principal, Evangélistes assis
chacun avec son attribut : lion, taureau, aigle, homme.

Sur un panneau du tabernacle, Saint Tujen avec
chien et clef. Sur l'autre panneau, autre Saint avec
mitre et crosse, lisant dans un livre.

Derrière l'autel, un Saint Jean-Baptiste, de stature
herculéenne, portant un mouton. Cette statue est en
pierre. — Vierge portant l'Enfant-Jésus.

A l'autel latéral gauche : Sainte curieuse assise. La
partie inférieure du corps est dissimulée par une sorte
de caisse. Elle est habillée d'une vraie chemise en
grosse toile. — Pieta honorée sous le nom de N. D. de
la Chapelle-Neuve. — Saint Joseph.

A l'autel latéral de droite : Saint Philibert, mitré et
crossé. — Saint Jean-Baptiste (appelé *Sant Yann
Bihan* parce que plus petit que l'autre statue) portant
un agneau. A ses pieds une tête de loup (?). Toutes

ces statues sont en bois, excepté celles de Saint Philibert et de Saint Jean-Baptiste.

Non loin de la chapelle se trouve la fontaine du Saint. Elle porte la date 1712, derrière le fronton.

Chapelle-Neuve

Cette chapelle, qui se trouvait au pied du Ménez-Hom et était dédiée à N. D. de Tous-Remèdes, a disparu. Quand on la bâtit, la Sainte Vierge elle-même, dit-on, demanda le bois nécessaire à Koad-Kom, qui couvrait alors les pentes du Ménez-Hom. Elle essuya un refus. Elle s'adressa alors au bois du Crannou qui le lui fournit. Et la Sainte Vierge prophétisa :

E Koad-Kom koad a zo ha koad ne vo.
E Koad-ar-C'hrannou koad a zo ha koad a vo.

La prophétie s'est réalisée. La forêt du Crannou existe toujours, tandis que sur les pentes arides du Ménez-Hom ne pousse plus qu'une maigre végétation de bruyères et d'ajoncs.

La chapelle a disparu au lendemain de la Révolution. Mais la fontaine subsiste. Elle est bien jolie, au milieu de sa verte prairie, avec son fronton triangulaire, son bassin voûté en plein cintre, et la petite niche qui abrite une statuette de la Vierge. Sur le fronton, la date 1747.

A 2 m. 50 de la fontaine, enfouie dans le gazon, une

petite chaise taillée dans le granit. Un peu plus loin, le soubassement de l'ancien calvaire.

On envoie à la fontaine de la Chapelle-Neuve les enfants qui tardent à marcher. Après les avoir plongés dans l'eau, on les fait asseoir dans la chaise en granit. C'est de là que parfois on voit des enfants qui n'avaient jamais marché se lever, par miracle, et faire leurs premiers pas pour se jeter dans les bras de leur mère qui les appelle. On y vient de loin, aujourd'hui encore, de Camaret, de Rosnoën, etc...

A cet acte de foi en la bonté de la Sainte Vierge, s'ajoutent certaines pratiques superstitieuses : après le bain de l'enfant, on pose une de ses chemises sur l'eau de la fontaine. Si le bas de la chemise s'immerge en premier lieu, on en conclut que l'enfant ne vivra pas ; si c'est l'encolure et les manches qui coulent d'abord, l'enfant vivra. — On fait aussi une petite croix de saule ou de noisetier que l'on pose sur l'eau d'un petit bassin qui reçoit l'eau de là fontaine. Si la croix coule, l'enfant mourra jeune ; si elle flotte, on en conclut qu'il a de longues années devant lui... Deux pratiques qui peuvent être contradictoires. La seconde a sans doute été inventée par quelque maman peu satisfaite de la première expérience...

Notre Dame de Tous-Remèdes, priez pour nous !

A la fin de cette petite étude, nous avons cru devoir ajouter une courte description des monuments religieux de la paroisse de Saint-Nic. La moindre paroisse de Bretagne possède de véritables richesses artistiques, souvent peu connues des paroissiens eux-mêmes.

Sans doute, Saint-Nic n'a pas de ces merveilles qui font l'orgueil et la gloire d'autres contrées, mais cette paroisse n'en a pas moins de jolis monuments qui sont des trésors d'art et de goût et il est bon qu'on les connaisse un peu plus.

Cette description de nos édifices nous apprendra quelle foi simple et forte fut celle de nos pères qui les ont édifiés au long des siècles et quels artistes ils furent : artistes naïfs parfois, mais combien vrais.

Comprenant mieux les œuvres jaillies de leurs cœurs et façonnées de leurs mains, nous aurons plus d'amour et plus de respect pour ces souvenirs du passé. Ces monuments auront plus de prix à nos yeux et pour leur valeur artistique et pour les enseignements qu'ils nous rappellent.

Table des Matières

QUIMPER, IMPRIMERIE CORNOUAILLAISE.

www.ingramcontent.com/pod-product-compliance
Ingram Content Group UK Ltd.
Pitfield, Milton Keynes, MK11 3LW, UK
UKHW022035170726
13837UKWH00002B/608